O ensino régio na Capitania de Minas Gerais

1772-1814

Thais Nivia de Lima e Fonseca

O ensino régio na Capitania de Minas Gerais

1772-1814

FAPEMIG   autêntica

Copyright © 2010 Thais Nivia de Lima e Fonseca

CAPA
Diogo Droschi
(sobre imagem de padre Diogo Soares/AHU
Cartografia e Conografia, Minas Gerais, 1730)

EDITORAÇÃO ELETRÔNICA
Conrado Esteves

REVISÃO
Aiko Mine
Cecília Martins

EDITORA RESPONSÁVEL
Rejane Dias

Revisado conforme o Novo Acordo Ortográfico.

Todos os direitos reservados pela Autêntica Editora.
Nenhuma parte desta publicação poderá ser reproduzida,
seja por meios mecânicos, eletrônicos, seja via cópia
xerográfica, sem a autorização prévia da Editora.

AUTÊNTICA EDITORA LTDA.
Rua Aimorés, 981, 8º andar . Funcionários
30140-071 . Belo Horizonte . MG
Tel: (55 31) 3222 68 19
Televendas: 0800 283 13 22
www.autenticaeditora.com.br

Dados Internacionais de Catalogação na Publicação (CIP)
(Câmara Brasileira do Livro, SP, Brasil)

Fonseca, Thais Nivia de Lima e
    O ensino Régio na Capitania de Minas Gerais 1772-1814 / Thais Nivia
de Lima e Fonseca . – Belo Horizonte : Autêntica Editora, 2010.

    Bibliografia
    ISBN: 978-85-7526-505-5

    1. Capitania de Minas Gerais, 1772-1814 - História. 2. Educação -
História - Capitania de Minas Gerais. 3. Educação - Historiografia -
Capitania de Minas Gerais I.Título.

10-09029   CDD-370.98151

Índices para catálogo sistemático:
1. Capitania de Minas Gerais : Ensino Régio 370.98151

Lista de tabelas, gráficos e figuras

Figura 1 - Mapa da Capitania de Minas Gerais com as localidades onde havia aulas régias entre 1772 e 1834 26

Tabela 1 - Cadeiras de Primeiras Letras e de Gramática Latina (1772-1814) ... 33

Tabela 2 - Número de professores régios por cadeira (1772-1814) 36

Quadro 1 - Aulas régias de Gramática Latina em atividade (1772-1814) 38

Quadro 2 - Aulas régias de Primeiras Letras em atividade (1772-1814) 39

Figura 2 - Mapa da Capitania de Minas Gerais com as localidades onde havia aulas régias entre 1772 e 1814 46

Gráfico 1 - Professores de Primeiras Letras e Gramática Latina 61

Tabela 3 - Professores régios de Gramática Latina (1772-1814) 64

Tabela 4 - Professores régios de Primeiras Letras (1772-1814) 66

Gráficos 2 e 3 - Professores padres e leigos 76

—Lista de abreviaturas —

AHU – Arquivo Histórico Ultramarino

ANTT – Arquivos Nacionais da Torre do Tombo

APM – Arquivo Público Mineiro

BNL – Biblioteca Nacional de Lisboa

BNRJ – Biblioteca Nacional do Rio de Janeiro

IBRAM – Instituto Brasileiro de Museus

IPHAN – Instituto de Patrimônio Histórico e Artístico Nacional

— Sumário —

INTRODUÇÃO 9

CAPÍTULO I
A organização do ensino régio na Capitania
de Minas Gerais (1772-1814) 19
As cadeiras de Primeiras Letras e de Gramática Latina 22
Condições de funcionamento das aulas régias
na Capitania de Minas Gerais 50

CAPÍTULO II
Professores régios na Capitania de Minas Gerais 63
Ingresso e permanência no magistério régio 70
Fragmentos biográficos 80

NOTAS FINAIS 97

ANEXO 99

REFERÊNCIAS 101

Introdução

Há alguns anos, quando iniciei um programa de pesquisa sobre a educação nas Minas Gerais no período colonial, havia poucas referências historiográficas a seguir fora das interpretações consideradas mais tradicionais sobre o tema, não apenas para esta Capitania, como também para toda a América portuguesa. Movida por um interesse orientado por trabalhos realizados pela historiografia colonial, insistia na necessidade de deslocar o olhar para além dos limites da educação escolar e tentar revelar outros processos e outras práticas educativas, talvez mais importantes do que aquela, no contexto da sociedade colonial no Brasil. A dimensão não escolar tem se mostrado rica no aprofundamento da investigação, permitindo-me compreender um pouco mais claramente os diferentes meios pelos quais a população colonial, particularmente na Capitania de Minas Gerais, procurava educar-se e instruir-se, por diferentes motivos. Essa orientação de pesquisa não tem excluído, contudo, a educação de natureza escolar; ao contrário. A exploração de arquivos no Brasil e em Portugal tem-me permitido organizar um expressivo volume de documentos, fontes importantes de dados sobre a educação escolar, tal como esta se configurava na América portuguesa no século XVIII e nas primeiras décadas do século XIX, e em parte institucionalizadas sob o controle do Estado, desde a segunda metade dos setecentos.

Nesse segundo caso, a pesquisa tem permitido vislumbrar como se organizou a educação escolar estatal na Capitania de Minas Gerais, ajudando a construir interligações com as análises de outros pesquisadores interessados no mesmo tema, em relação a outras regiões da

América portuguesa. A ênfase tem sido colocada sobre os principais sujeitos do processo iniciado com as reformas da educação promovidas na administração pombalina: os professores, principalmente os de Primeiras Letras e de Gramática Latina, as cadeiras existentes em maior número e as mais frequentadas.

Neste livro pretendo dar continuidade ao trabalho já apresentado em obra anterior (FONSECA, 2009), jogando mais luz sobre a estrutura das aulas régias na Capitania, tomando a presença dos professores como um elemento central para a visualização, dentro do possível, do espectro de abrangência que as reformas pombalinas da educação tiveram nessa região e de como impactaram o cotidiano das populações na sua área mais urbanizada. Nesses primórdios da escolarização em Minas Gerais, a possibilidade do aprendizado das Primeiras Letras num primeiro estágio, e talvez da Gramática Latina num segundo, indica a importância que a cultura escrita poderia representar para as parcelas da população que, por meio dela, procuravam alcançar posições mais favoráveis numa sociedade que, embora apresentasse uma maioria de indivíduos analfabetos, compreendia o papel da cultura escrita e de suas funções na vida cotidiana.

A análise da estrutura do ensino régio em Minas Gerais, das ocorrências da educação não escolar com vistas à aquisição das habilidades da leitura e da escrita, a atuação de professores régios e particulares, as diferentes estratégias usadas pelos indivíduos para traçar a sua própria inserção ou de seus familiares no âmbito daquela cultura são todas questões que se relacionam diretamente à cultura escrita, suas funções e sua importância na sociedade brasileira colonial. Essa relação, embora esteja sendo estudada com maior interesse apenas nos últimos anos, já fazia parte das inferências de alguns autores há muitas décadas, quando analisaram a presença portuguesa na América.

Não obstante as divergências entre os historiadores, no Brasil e em Portugal, em relação à quantidade de portugueses vindos para a América, não parece haver dúvidas quanto ao aumento dessa imigração no século XVIII, movida, principalmente, pela exploração do ouro nas Minas Gerais, e quanto ao fato de que a maioria dos emigrados provinha do norte de Portugal (SERRÃO, 196-, p. 62; 1978; MATTOSO,

1998). Como efeito desse movimento, a Coroa editou várias proibições que visavam conter o fluxo migratório e evitar as suas consequências negativas para o Reino. O avanço dos estudos sobre o tema tem aprofundado a compreensão do fenômeno da emigração portuguesa, identificando as origens desse movimento, do ponto de vista estrutural, das condições que motivaram a saída de milhares de portugueses em direção ao Brasil, nos séculos XVIII e XIX, e também quanto às características dessa população, como seu lugar de origem, suas ocupações, seu nível de instrução e demais aspectos demográficos.[1]

No Brasil, alguns trabalhos clássicos detiveram-se nas características da ocupação portuguesa na América, na perspectiva das motivações da emigração a partir do século XVI. Sérgio Buarque de Holanda (1989) chamou a atenção para a grande capacidade de adaptação e de aprendizagem dos portugueses em outras terras, o que lhes permitiu protagonizar importante processo de circulação e apropriação de diferentes elementos culturais.[2] Diríamos, seguindo as sugestões de Serge Gruzinski (2001; 2004), que eles atuaram como singulares mediadores culturais entre as várias partes do Império Português no Antigo Regime.[3] Ao analisar a chamada "corrida do ouro", Holanda caracterizou-a como a "primeira imigração em massa para o Brasil", ocorrida a partir do final do século XVII e mais intensamente no século XVIII. O autor percebeu as primeiras levas desses imigrantes como indivíduos de origem social desfavorecida, "que não conheceram, em sua terra de origem, a oportunidade de assimilar os altos padrões de civilidade e luzimento" (HOLANDA, 1985, p. 299). Holanda chamou a atenção para o fato de que, no Brasil, particularmente nas Minas Gerais, a organização da sociedade repetiu os padrões do Reino, mas não com o mesmo tipo de indivíduos. Uma vez aí, eles procuraram se recompor

---

[1] Importantes estudos neste sentido têm sido feitos no âmbito do *Núcleo de Estudos de População e Sociedade*, da Universidade do Minho.

[2] Análise semelhante seria feita por FREYRE (1996).

[3] Vários trabalhos, individuais e coletivos, têm analisado, de forma central ou secundária, esses movimentos de circulação dos portugueses. Ver, entre outros: ALENCASTRO (2000); PAIVA (2006); FURTADO (2001); FRAGOSO (2001).

segundo as tradições da terra de origem, porém com as diferenças que o acesso à riqueza e outras possibilidades de mobilidade permitiam. Segundo Holanda, apenas as gerações seguintes aos primeiros emigrados puderam se diferenciar de seus antecedentes, em geral por meio do letramento e da educação, alcançados pelas condições advindas da posse de cabedais "acidentalmente ganhos em lavras e tratos" (1985, p. 301).

Raymundo Faoro (2001) destacou a força dos padrões sociais das elites ibéricas, que acabavam por servir de modelo às camadas populares que, na América, ascendiam economicamente e ambicionavam o afidalgamento, principalmente pelo acesso a postos na administração pública, civil ou militar. As possibilidades abertas pela economia mineradora favoreceriam os portugueses pobres, que iriam se orientar para o comércio, buscando não apenas o enriquecimento, mas também o enobrecimento, real ou simbólico. Para Faoro, enquanto os brancos portugueses seguiriam essa trajetória, os pobres, nascidos no Brasil, teriam que construir outras estratégias para fugir dos estigmas de uma sociedade preconceituosa quanto ao trabalho manual. Eles percorreriam outro caminho, "às margens da fidalguia burocratizada", desviando-se "dos misteres dos negros", procurando ser "soldados, escrivães ou escreventes, oficiais de tribunais de juízos, não poucos freqüentando as aulas régias" (FAORO, 2001, p. 254). O que Faoro não considerou foi que, além desses, também os brancos ou mestiços filhos de portugueses, nem sempre pobres, acabavam utilizando essas mesmas estratégias quando ficavam privados de heranças e privilégios obtidos por seus pais, seja por não terem sido reconhecidos como filhos, seja pelos percalços dos processos dos inventários *post-mortem*, que não os favoreciam.

Vários outros autores, até a década de 1970, concordaram com o estatuto "neutro" de determinadas profissões, exercidas por indivíduos que procuravam escapar das atividades manuais, como as funções burocráticas ou o ensino, e nas quais não seria raro encontrarem-se indivíduos mestiços. E era elevado o número, entre os portugueses emigrados, dos que se dedicavam ao comércio (VASCONCELOS, 1974; BARBOSA, 1979; LIMA JÚNIOR, 1978). O avanço das pesquisas sobre Minas Gerais no século XVIII vem esclarecendo diferentes aspectos da complexa sociedade que aí se organizou a partir da descoberta das minas, da ocupação do território e da sua urbanização, mais intensa do que em qualquer outra Capitania da América portuguesa.[4] Kenneth Maxwell, ao analisar a conformação dessa sociedade, chamou a atenção para a importância da influência da cultura de origem dos portugueses emigrados. Para ele,

> [...] entre a minoria branca de Minas Gerais predominavam os valores e costumes das províncias do norte português, especialmente do Minho, Trás-os-Montes, Porto, Douro e as Beiras [...]. Refletida no modo de falar e na arquitetura doméstica e eclesiástica, esta dominante influência nortista proporcionava forte elemento de consolidação da sociedade e estimulava um rápido e bem sucedido transplante da cultura portuguesa para o ambiente social e econômico transitório e altamente instável da zona de mineração. A sociedade de Minas, portanto, era um complicado mosaico de grupos e raças, de novos imigrantes brancos e de segunda e terceira gerações de americanos natos, de novos escravos e de escravos nascidos em cativeiro [...] (MAXWELL, 1978, p. 114).

As inferências já presentes nos trabalhos de autores mais antigos – exceto os do campo da História da Educação[5] – vêm sendo comprovadas mais recentemente, no que diz respeito à entrada na cultura escrita como mecanismo de inserção social na Capitania de Minas Gerais. O aprofundamento das pesquisas tem demonstrado que, se a população das Minas continuava a ser predominantemente analfabeta, o acesso ao aprendizado da leitura e da escrita não ficava restrito às elites, não sendo tão incomum encontrarem-se indivíduos originários das camadas sociais intermediárias que sabiam ler e escrever, muitos vivendo de ofícios que exigiam esse conhecimento. Além disso, estar inserido na cultura escrita não significava, necessariamente, ter, individualmente, a

---

[4] Alguns dos trabalhos de destaque são: BOSCHI (1986); SOUZA (1982); MAXWELL (1978); FIGUEIREDO (1997); FIGUEIREDO (1993); FURTADO (1999); BRÜGGER (2007); ALMEIDA (2005); SOUZA (2006).

[5] Esses insistiram, durante muito tempo, na quase ausência de acesso à cultura escrita, exceto para os membros das elites, que podiam frequentar as escolas controladas pelo clero regular – principalmente os colégios dos jesuítas e os seminários – e ingressar no ensino superior em Portugal.

capacidade de ler e de escrever. Creio que é necessário ver mais além, entendendo essa inserção como uma possibilidade e, invariavelmente, uma necessidade, de parte considerável da população das Minas Gerais setecentistas, letrada ou não. Afinal, era no âmbito da escrita que boa parte das relações cotidianas se realizava: entre os indivíduos e as instâncias administrativas civis, eclesiásticas ou militares; entre eles e a justiça; entre os indivíduos uns com os outros, em suas atividades cotidianas ligadas ao comércio, à mineração, ao exercício de variados ofícios e profissões. É sempre bom ressaltar a presença marcante do Estado na Capitania de Minas Gerais e de sua burocracia, que, se não exigia, exclusivamente, a presença de oficiais letrados, acabava por atraí-los e absorvê-los.

É preciso, também, esclarecer que o sentido atribuído ao termo "letrado", da forma como se emprega aqui, não é o mesmo no século XVIII. O indivíduo letrado era então identificado como aquele que fosse jurista ou advogado ou o indivíduo versado nas letras, que seriam os conhecimentos eruditos das humanidades (BLUTEAU, 1712). De qualquer modo, ser letrado nesse sentido era condição de ingresso em determinados postos na administração colonial, como os de chanceler, desembargador, ouvidor, juiz (exceto o juiz ordinário), procurador, provedor, intendente-geral do ouro (ARQUIVO NACIONAL, 1985). Para vários outros cargos não se estabelecia esse mesmo requisito, mas, pela descrição de suas atribuições, apreende-se a necessidade do conhecimento da leitura e da escrita, como os escrivães que, conforme a sua situação, deveriam "escrever as cartas ou provisões passadas na Chancelaria", "fazer, anualmente, um livro em que conste toda a receita e despesa" (das Câmaras), "escrever, em livro próprio, todos os acordos e os mandados" (relativos às Câmaras), "escrever as cartas dos vereadores e oficiais da Câmara", "ler e publicar, na primeira sessão mensal da Câmara, os registros dos oficiais e almotacés do Concelho", "escrever no livro impresso para o registro das barras" (na Intendência do Ouro), "preencher os bilhetes impressos que servem de certidão para circulação de barras" (de ouro), "fazer os registros, nos livros de receita e despesa, entrada do ouro, da carga feita ao tesoureiro do quinto, bem como no livro em que se põe, por lembrança, o ouro enviado à Casa de Fundição pertencente às partes e em todos os papéis que possam respeitar a receita e despesa" (ARQUIVO NACIONAL, 1985).[6] Havia também os tabeliães, que deveriam, entre outras coisas, "fazer todos os testamentos, cédulas e codicilos", "fazer todos os inventários determinados por herdeiros e testamenteiros", "fazer todos os instrumentos de posse das terras concedidas ou tomadas", "fazer quaisquer cartas de compras, vendas, escambos, arrendamentos, aforamentos ou soldadas referentes aos órfãos". Outros cargos também indicavam a necessidade da leitura e da escrita em algum nível, como o Tesoureiro da Intendência do Ouro, que deveria "lançar em seu livro a soma arrecadada das multas aplicadas aos sonegantes", "rubricar, junto com o intendente e o fiscal, o termo de encerramento da matrícula" e "lançar em sua receita o cunho da Casa de Fundição". Não se pode deixar de notar, também, a necessidade de conhecimento das operações aritméticas fundamentais.

A cultura escrita estaria, na verdade, muito mais disseminada naquela sociedade do que supunha a historiografia tradicional, e a relação cultura escrita/alfabetização nem sempre se dava de forma direta e imediata. Para Portugal essa constatação foi feita por Justino Magalhães, numa análise que coloca como central o papel do Estado na disseminação da cultura escrita e na expansão da alfabetização. Segundo ele, "quando se pergunta quem efectivamente se alfabetizou no decurso dos três séculos de Antigo Regime, se intenta por outras palavras saber quem pelo exercício de uma efectiva capacitação da leitura e da escrita participou nas actividades do Estado" (MAGALHÃES, 1994, p. 203). Mas não só. Nos diversos níveis de relação dos indivíduos com o Estado, tanto com o poder central quanto com os poderes locais, o recurso ao escrito esteve sempre presente. Podia ser feito diretamente ou pelo uso, mais comum, da intermediação dos tabeliães. Além disso, os indivíduos se utilizavam de instrumentos escritos para resolver pequenas questões cotidianas entre si, como o registro de empréstimos, os recibos de pagamentos, as notas de pequenos compromissos (como pedidos de

---

[6] Nesta publicação, verificar o índice de cargos ao final do volume. Ver também MAGALHÃES (1994).

mercadorias, reconhecimento de dívidas), receitas de boticários, listas de compras, registro de movimentos comerciais ou de atividades agrícolas. Isso nos leva a considerar um número mais expressivo de pessoas a construir relações com a cultura escrita, mesmo quando desprovidas das habilidades da leitura e da escrita, e capazes, apenas, de desenhar um sinal como assinatura.

No momento da emigração para as Minas Gerais no século XVIII, a sociedade portuguesa já vivia transformações no sentido da expansão da cultura escrita, com o aumento da publicação e da circulação de livros, a ampliação da burocracia estatal, que exigia cada vez mais pessoas com algum letramento, e o ingresso de uma parte da população dos domínios ultramarinos na estrutura administrativa e educacional do Império Português. Não obstante o grande peso da cultura oral, é fato aceito por diversos historiadores que tais transformações, desde o século XV, foram progressivamente introduzindo parcelas maiores da população na cultura escrita, mesmo sem o correspondente aumento da escolarização. O desenvolvimento das atividades comerciais, por exemplo, exigiu cada vez mais o recurso ao registro escrito, e a "palavra escrita" passava a ganhar novo valor social (MAGALHÃES, 1994). Esse processo, aliás, foi igualmente observado para outras áreas nas quais o comércio adquiriu ampla importância, como foi o caso da Itália, a partir do século XIII (LE GOFF, 1991).

Em Portugal, além dessa ampliação derivada de necessidades concretas de alguns setores da sociedade, as progressivas medidas oficiais em prol do ensino das Primeiras Letras, principalmente nos meios urbanos, elevou o número de indivíduos com algum letramento, aqui entendido como capacidade de uso da cultura escrita (SOARES, 2004, p. 5-17; MAGALHÃES, 2002). Se alguma preocupação nessa direção já se esboçava desde o reinado de D. João V (1706-1750), foi visivelmente intensificada nos reinados de seus sucessores, D. José I (1750-1777) e D. Maria I (1777-1816), nos quais foram empreendidas as reformas da educação (GOUVEIA, 1998). Se, com essas reformas, o ensino das Primeiras Letras passou a ser definido, financiado e controlado pelo Estado, antes disso ele acontecia segundo as condições disponíveis, sendo ministrado por clérigos ou leigos, muitas vezes com um conhecimento rudimentar, ou por indivíduos que exerciam funções como escreventes, tabeliães ou escrivães públicos e que atuavam como mestres de Primeiras Letras como meio de complementar suas rendas. Nesse caso, tanto em Portugal como na América, esses expedientes eram comuns, sendo os mestres pagos pelos pais e famílias dos alunos, ou pelas rendas das Câmaras. Uma vez que o próprio Estado era um expressivo demandador de ofícios para os quais algum conhecimento de escrita e de leitura era necessário, a aprendizagem dessas habilidades passava a ser um importante meio de obtenção de melhores posicionamentos na sociedade e, portanto, procurada por diferentes segmentos da população.

Uma das atividades à qual se dedicava parte significativa dos portugueses instalados nas Minas era o comércio, e vários estudos já demonstraram o papel que a cultura escrita representava naquele meio. Júnia Ferreira Furtado (1999, p. 109-111) chamou a atenção para o fato de que o domínio da linguagem escrita não servia apenas como instrumento de poder numa sociedade preconceituosa em relação aos trabalhos manuais. Entre os comerciantes, o conhecimento da escrita e da leitura era ainda mais importante para o exercício de suas atividades, considerando-se a possibilidade de um nível elevado de letramento nesse grupo. O indicativo utilizado pela autora é problemático – a capacidade de assinar o nome significando ser alfabetizado –, mas pode ser combinado a outros, como a posse de livros, frequente entre os comerciantes, e a preocupação recorrente com a educação dos filhos, principalmente na aprendizagem da leitura e da escrita. Tudo isso permite fazer aquela afirmação de maneira mais segura. Analisando inventários e testamentos em seu estudo sobre a família na Vila de São João del Rei, Silvia Brügger (2007) também observou essa preocupação com a educação dos filhos. Em outro livro (Fonseca, 2009), analisei estratégias utilizadas por alguns grupos para encaminharem seus descendentes ao aprendizado das Primeiras Letras e, às vezes, algo além, não apenas em cumprimento à lei, mas como mecanismos de obtenção de algum *status* e/ou ascensão.

No intuito de colocar em evidência os momentos iniciais do processo de escolarização em Minas Gerais, ainda no período colonial, privilegiei neste trabalho a organização do ensino régio na Capitania, retomando ligeiramente algumas questões já discutidas em outro trabalho, e agora enfocando mais particularmente o quadro docente do sistema implantado a partir das reformas pombalinas: a distribuição dos professores pelas comarcas, suas relações com a administração dos estudos e com as comunidades onde estavam inseridos, suas atividades docentes e em outras instâncias das sociedades locais.

A investigação centrada nos professores acabou por demonstrar que também eles foram sujeitos ativos na construção de estratégias de inserção social por meio do letramento e que o exercício dessa profissão foi tanto o seu meio de sobrevivência material quanto ponto de partida para o alcance de outras posições na sociedade. O magistério régio foi a marca que distinguiu muitos deles e nos oferece mais um caminho de aproximação às vidas desses indivíduos na sua relação com os outros e com a sociedade na qual viviam.

Como parte de um programa de pesquisa, o estudo aqui apresentado é apenas mais uma etapa, contendo inúmeras possibilidades de desdobramentos, ainda não contemplados ou em estágio inicial de construção.

— Capítulo I —

A organização do ensino régio na Capitania de Minas Gerais (1772-1814)

As reformas pombalinas da educação iniciaram-se em 1759 com o Alvará de 28 de junho que, além de determinar o encerramento das atividades educacionais e catequéticas da Companhia de Jesus em todo o Império Português, instituiu também as primeiras aulas régias, sob novas orientações administrativas e metodológicas. Nos primeiros anos após esse Alvará, algumas aulas régias foram implementadas no Brasil, principalmente nas Capitanias do Rio de Janeiro, São Paulo, Bahia e Pernambuco. As dificuldades encontradas nessa implementação têm sido analisadas por diversos pesquisadores, considerando diferentes aspectos, como a insuficiência de orientações e de dispositivos legais e administrativos para a realização dos concursos para provimento das cadeiras; o desinteresse quanto ao ingresso na carreira de professor régio; as dificuldades na substituição dos antigos métodos e materiais da pedagogia jesuítica por aqueles que foram indicados pela legislação pombalina. Para muitos autores, até as leis de novembro de 1772, que teriam dado início a uma fase mais avançada das reformas, o processo estatal de escolarização no Brasil foi completamente fragmentado e ineficaz. A partir daí, mesmo com a permanência de muitos problemas, e sem alcançar um nível minimamente satisfatório de eficiência, teria aumentado o número de cadeiras e de professores, e mais localidades teriam sido atendidas com a presença de, pelo menos, uma aula régia.[7]

---

[7] As referências mais tradicionais e que têm servido como ponto de partida para os estudos mais recentes são: ANDRADE (1978; 1981-1984), CARRATO (1968); CARVALHO (1978; 1985), CARVALHO (2001); FRAGOSO (1972); GOMES (1989). Entre os estudos mais recentes, destaco: ADÃO (1997);

Na Capitania de Minas Gerais, como tenho insistido, a situação tinha particularidades, pois a ausência anterior das ordens religiosas, proibidas de se instalarem ali com suas casas, evitou o mesmo tipo de impacto sofrido em outras regiões pela expulsão dos jesuítas e pelo fechamento de suas escolas.[8] Nas Minas Gerais, desde o início do século XVIII, havia mestres pagos pelas Câmaras, e as famílias já procuravam também o recurso dos professores particulares – leigos e clérigos – para o ensino das Primeiras Letras e da Gramática Latina, uma prática que permaneceu forte mesmo depois da implantação das aulas régias. Documentos trabalhados por alguns pesquisadores afirmam ter havido professores régios nessa Capitania desde 1761.[9] Na documentação que tenho em mãos, esses indícios são, contudo, esparsos e vindos, sobretudo, de solicitações das Câmaras e de pais de famílias para a abertura das aulas, como a que expressava essa necessidade, por parte da Câmara de Vila do Príncipe, em 1761:

> Como temos noticia da inata piedade, e grandeza com que V. Majestade querendo fertilizar a seus vassalos, foi servido estabelecer uma nova Lei, em que se aboliram todas as classes que até agora existiam para ensino da Gramática aos que a ela se aplicavam, ordenando, que de novo se criassem outras por um novo método, em que com mais facilidade e acerto fossem educados os principiantes; e para isso mandou V. Majestade erigir aulas em todas as cabeças de Comarcas do Reino; vamos aos Reais Pés de V. Majestade suplicar-lhe a mesma graça, para esta Vila de sua Comarca. Representando a V. Majestade a falta que há de Mestres, pois ainda procurando-os com o interesse do premio, e salário se não encontram, e vemos em perdição grande o engenho dos meninos, que abundam neste território, o qual se acha hoje com inumerável povo casado, e permanente, crescendo cada dia mais a multiplicação de seus filhos; os quais tem mostrado a experiência ter agilidade, e presteza para qualquer emprego do serviço de Deus e de V. Majestade.

CARDOSO (2002); FERNANDES (1994); FONSECA (2009); SILVA (2008); SILVA (2004); SILVA (2006).

[8] A proibição da entrada, nas Minas, do clero regular e de seculares sem paróquias foi determinada pela Carta Régia de 9 de junho de 1711 e reforçada por outra ordem, em 1721.

[9] A fonte que contém esse dado, mencionada por alguns autores, é o Relatório do Desembargador João Alberto de Castelo Branco, de 11 de março de 1761. Arquivo Geral das Alfândegas de Lisboa, Livro 175. Ver: ANDRADE (1981); CARDOSO (2002); CARVALHO (2001); MORAIS (2009).

A obrigação de nossos cargos é a que nos dá motivo desta suplica, juntando-se a ponderação e conhecimento de que V. Majestade é Pai, e não cessa em dispensar todos os meios úteis para a conservação e aumento de seus filhos, os quais incessantemente pedimos a Deus [...] a V. Majestade a vida por dilatados anos [...] e proteção de seus leais vassalos. Vila do Príncipe em Câmara 3 de Fevereiro de 1761.[10]

A análise realizada neste trabalho parte principalmente das fontes da Real Fazenda da Capitania de Minas Gerais[11] (listas de pagamentos, requerimentos e documentos comprobatórios de atividades para recebimento dos ordenados e alguns relatórios), a partir de 1772, quando esse órgão era responsável pela arrecadação do Subsídio Literário e pelo pagamento dos ordenados dos professores régios. Por isso, analiso a organização do ensino régio tomando como marco inicial aquele ano, até o ano de 1814, quando temos um relatório da Real Fazenda da Capitania de Minas Gerais sobre a situação das aulas régias vagas e em funcionamento. Embora haja um número razoável de registros anuais relativos aos pagamentos feitos a professores até o início da década de 1820, demarquei o período até 1814 levando-se em consideração que a partir daí, até aproximadamente 1824, o número de aulas régias de Gramática Latina e de Primeiras Letras manteve-se estável e com uma parte dos mesmos professores ainda em exercício. Lançarei mão dessas informações quando for necessário para efeito da contabilização individualizada dos períodos de exercício dos professores. Em razão de seu predomínio quantitativo e de abrangência geográfica em relação às demais, o estudo recai sobre as cadeiras de Gramática Latina e de Primeiras Letras.

Alguns autores enfatizam uma diferenciação na denominação dada aos docentes no contexto das reformas pombalinas, em que "mestre"

---

[10] AHU-ACL-N-Minas Gerais, n. 6362. Disponível em: *Projeto Resgate*, Centro de Memória Digital, UnB: <http://www.cmd.unb.br>. Esse documento também está transcrito, com algumas diferenças, em: Consulta da Capitania de Minas – das "cópias extrahidas do Archivo do Conselho Ultramarino". *Revista do Arquivo Público Mineiro*. Belo Horizonte: Imprensa Oficial, vol. 15, 1910.

[11] Integram os fundos documentais da Casa dos Contos, disponíveis no Arquivo Público Mineiro e na Biblioteca Nacional do Rio de Janeiro. Também foram utilizadas fontes do fundo da Secretaria de Governo da Capitania de Minas Gerais (APM), do Arquivo Histórico Ultramarino, dos Arquivos Nacionais da Torre do Tombo e documentação notarial dos arquivos sob a guarda do IPHAN e do IBRAM, em Minas Gerais.

designaria aquele dedicado ao ensino das Primeiras Letras, e "professor" aquele que ensinava Gramática Latina. Áurea Adão chega a considerar que o uso cada vez mais frequente do termo "professor" em relação aos docentes das Primeiras Letras, a partir do final do século XVIII, expressasse o "desejo de prestigiar a classe, aproximando-a dos docentes das aulas secundárias, procurando assim evitar que fosse *reputado por mecânico o seu exercício*, como sugerira muitos anos antes a Real Mesa Censória" (ADÃO, 1997, p. 277). Na documentação referente à Capitania de Minas Gerais isso não parece ter ocorrido, pois "mestre" e "professor" aparecem designando ambos, e tanto para aqueles que recebiam cartas de propriedade quanto para os que tinham provisões como "titulares" ou como substitutos. Por isso, para simplificar o texto, venho utilizando apenas o termo "professor".

Uma primeira análise da quantidade de professores régios em Minas Gerais já havia sido feita em outro trabalho (FONSECA, 2009), considerando o período entre 1772 e 1834, numa abordagem mais geral, que permitiu perceber, para cada uma das comarcas da Capitania, a relação proporcional entre as cadeiras de Primeiras Letras e de Gramática Latina. Também foi possível observar a relação entre as próprias comarcas no que diz respeito à maior ou menor quantidade de professores e à distribuição geográfica das cadeiras pelo território. O que se pretende, agora, é reduzir a escala no sentido de demarcar, no período entre 1772 e 1814, a presença efetiva de um grupo de professores das duas cadeiras, realçando os traços gerais do funcionamento do ensino régio na Capitania e particularidades da vida e do trabalho desses professores.

As cadeiras de Primeiras Letras e de Gramática Latina

A Lei de 6 de novembro de 1772 determinou a criação de novas cadeiras em diferentes partes do Império Português, sendo 44 delas no Brasil. A Capitania de Minas Gerais receberia sete cadeiras: quatro de Primeiras Letras (Mariana, Vila Rica, Sabará e São João del-Rei) e três de Gramática Latina (Mariana, Vila Rica e São João del-Rei).[12] Ao

---

[12] Cf. *Mapa dos Professores e Mestres das escolas menores e das terras em que se acham estabelecidas as suas aulas e escolas, neste Reino de Portugal e seus Dominios.* Mapa anexo à Lei

longo das últimas décadas do século XVIII e das primeiras décadas do século XIX, houve aumento desse número, chegando, em 1814, ao total de 46 cadeiras, sendo 34 de Primeiras Letras e 12 de Gramática Latina, conforme o relatório da Junta da Fazenda de Minas Gerais feito naquele ano. Esse documento traz a relação das cadeiras vagas e ocupadas na Capitania e a relação dos professores ativos e seus respectivos ordenados. O relatório foi elaborado em decorrência da ordem do Presidente do Real Erário, Luiz de Vasconcelos e Souza, preocupado com o desequilíbrio entre receita e despesa na arredacação do Subsídio Literário, que estaria prejudicando o pagamento dos ordenados dos professores régios. A intenção era verificar a possibilidade da supressão de algumas cadeiras que pudessem ser consideradas desnecessárias, "sem prejuízo da educação da Mocidade, e dos professores".[13]

Outras iniciativas da mesma natureza já haviam ocorrido, demonstrando a centralidade que a arrecadação do Subsídio Literário e sua aplicação ocupavam nas questões administrativas ligadas ao tema da instrução pública. Em 1799, por exemplo, o problema havia sido objeto de uma carta régia em que o Príncipe Regente D. João, considerando os maus resultados dos estudos menores no Brasil, ordenava ao Vice-Rei, Conde de Resende, que analisasse a situação em alguns dos seus aspectos mais relevantes. As providências sugeridas ao Vice-Rei eram de melhor adequar a arrecadação do tributo às necessidades de manutenção do ensino régio, podendo vir a suprimir ou criar cadeiras conforme as circunstâncias, nomear professores para cadeiras vagas e, finalmente, estabelecer procedimentos mais rigorosos de fiscalização sobre os professores, com a participação das autoridades locais, em cada uma das Capitanias da América portuguesa. D. João ordenava também que não se negligenciasse o pagamento dos professores e que se criasse um fundo específico para suas aposentadorias.[14] Aos governadores pertenceria a

---

de 6 de novembro de 1772. APM/Secretaria de Governo da Capitania. SC-394, fls. 47-53. Também está reproduzido em: GOMES (1989).

[13] "Dados sobre a instrucção pública. 1814". *Revista do Arquivo Público Mineiro*. Belo Horizonte: Imprensa Oficial, v. VII, n. II, IV, 1902. p. 989.

[14] BNRJ/Manuscritos. I-29,19,1. *Ordens expedidas para o Brasil sobre as escolas de Primeiras Letras*. Carta régia do Príncipe Regente D. João, de 19 de agosto de 1799.

"suprema inspeção sobre as escolas", podendo ser substituídos nessa função pelos bispos, quando necessário. Em documento complementar a essa ordem, D. Rodrigo de Souza Coutinho comunicava ao Conde de Resende a ampliação das decisões do Rei, ordenando a nomeação de inspetores que visitassem as escolas

> [...] examinando a assiduidade, a diligência dos Professores, e Mestres no cumprimento de tão essenciais deveres, do Método que seguem nas lições, e explicações dos tutores, da escolha dos livros, por onde ensinam; da forma, tempo, e horas, com que regulam a Ordem, e Disciplina das Escolas, do aproveitamento dos Discípulos, que as freqüentam, vigiando mui severamente a sua Morigeração [...].[15]

Dessas visitas resultariam relatórios que deveriam ser remetidos anualmente à Secretaria de Estado dos Negócios da Marinha e Domínios Ultramarinos.

O processo de aumento do número das cadeiras de Primeiras Letras e de Gramática Latina ainda não é totalmente claro, pois há registros das populações de algumas localidades solicitando a criação de cadeiras, mas nem sempre tem sido possível localizar a oficialização de sua criação.[16] Os dados podem ser conflitantes, mas me inclino a depositar maior confiança nas fontes referentes ao pagamento dos ordenados dos professores, registrado na documentação da Real Fazenda, e constando basicamente de listas de assentamentos dos professores, listas de pagamentos, requerimentos e atestados enviados por eles mesmos para a confirmação do exercício do magistério. Outras fontes, produzidas em outras instâncias, têm ajudado na consolidação dos dados para a análise do quadro das aulas régias de Primeiras Letras e de Gramática Latina na

---

[15] BNRJ/Manuscritos. I-29,19,1. *Ordens expedidas para o Brasil sobre as escolas de Primeiras Letras*. Ordem de D. Rodrigo de Souza Coutinho ao Conde de Resende, de 3 de setembro de 1799. Receberam cópias dessas ordens, bem como da Carta Régia de 19 de agosto de 1799, as capitanias da Bahia, Minas Gerais, São Paulo, Pernambuco, Pará, Maranhão, Goiás e Mato Grosso, além dos Açores, Índia, Angola, Moçambique e Ilha da Madeira.

[16] MORAIS (2009) analisou dados de alguns documentos que, segundo observações da própria autora, são de difícil comprovação, além do problema do estabelecimento de autoria e datação.

Capitania de Minas Gerais. Ainda assim, é preciso considerar algumas discrepâncias, pois aquele mesmo relatório de 1814 não apresenta total coerência com os registros dos pagamentos efetivos dos ordenados, feitos pela própria Fazenda da Capitania, no mesmo período. Foi necessário, então, estabelecer o confronto dos dados para se organizar um quadro o menos titubeante possível sobre o ensino régio em Minas Gerais, pois a relação entre a criação das cadeiras e seu efetivo funcionamento é um problema que se evidencia quando se pretende esse tipo de análise.

A Lei de 6 de novembro de 1772 estabelecia os critérios da localização e da densidade populacional para a criação e o estabelecimento das aulas régias:

> Sendo sobre a consideração de tudo o referido formado debaixo das Minhas Reais Ordens pelos Corografos peritos, que para este efeito nomeei, um Plano, e Calculo Geral, e Particular de todas, e cada um das Comarcas dos Meus Reinos, e Domínios, e do numero de Habitantes delas, que por um regular, e prudente arbítrio podem gozar do beneficio das Escolas Menores com os sobreditos respeitos: E sendo pelo sobredito Plano regulados; o numero dos Mestres necessários em cada uma das Artes pertencentes às Escolas Menores; a distribuição deles em cada uma das Comarcas, e das Cidades, e Vilas delas, que podem constituir uns Centros, nos quais os Meninos, e Estudantes das Povoações circunvizinhas possam ir com facilidade instruir-se.[17]

Pelo critério de natureza político-administrativa, indicava-se o status das povoações que deveriam ser os centros atratores, como as cabeças de comarcas, as cidades e as vilas. De fato, observando-se a distribuição das aulas régias em Minas Gerais, entre a última década do século XVIII e as primeiras décadas do século XIX, verifica-se que a cidade de Mariana e as principais vilas da Capitania – incluindo as cabeças de comarcas – possuíam pelo menos uma aula régia de Primeiras Letras, e algumas delas também a de Gramática Latina. Na Fig.1 estão indicadas essas localidades, comprovando a coerência com o critério estabelecido pela Lei de 1772:

---

[17] APM/Secretaria de Governo da Capitania. SC-394, fls. 47-47a.

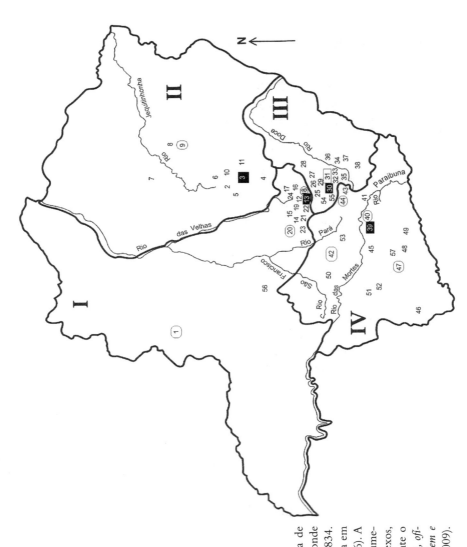

Legenda:
■ Cabeças de Comarca
○ Vilas
☐ Cidade
I – Comarca do Rio das Velhas;
II – Comarca do Serro Frio;
III – Comarca de Vila Rica;
IV – Comarca do Rio das Mortes

FIGURA 1 – Mapa da Capitania de Minas Gerais com as localidades onde havia aulas régias entre 1772 e 1834. A divisão das Comarcas foi baseada em mapa disponível em BOSCHI (1986). A relação das localidades segundo a numeração contida no mapa está nos anexos, ao final do livro. Este é basicamente o mesmo mapa que utilizei em *Letras, ofícios e bons costumes. Civilidade, ordem e sociabilidades na América portuguesa* (2009).

O critério populacional também parece ter sido respeitado em grande medida, pois oito dessas vilas e a cidade de Mariana situavam-se na região mais urbanizada e densamente povoada da Capitania. Elas certamente exerceram alguma atração sobre as populações circunvizinhas, mas talvez não tivessem se tornado, exclusivamente, os atratores que se pretendia, conforme indicava a Lei. Isso porque muitos arraiais próximos àquelas povoações principais também possuíam aulas régias, na maioria das vezes de Primeiras Letras, embora alguns tivessem também aulas de Gramática Latina. Na verdade, nem sempre se pode observar uma relação direta entre o *status* político de uma povoação e a sua população. Alguns arraiais e suas adjacências foram, em determinados momentos, mais populosos que as próprias vilas. O arraial de Guarapiranga, por exemplo, no termo de Mariana e muito próximo a Vila Rica, apresentava uma população considerável desde o final do século XVIII, mais de 10 mil habitantes, tendo sido registradas em 1818 cerca de 11.500 pessoas, contra 8.600 em Vila Rica, a capital.[18]

Essa relação de atração que se pretendia estabelecer deveria, teoricamente, evitar a criação de um número elevado de cadeiras, o que significaria elevar os gastos com a sua manutenção. Esse princípio, porém, não levava em conta algumas possíveis condições locais, como as dificuldades de locomoção, mesmo entre povoações relativamente próximas, ou as demandas locais por aulas em função da concentração populacional. Além disso, pode-se considerar também os argumentos, sempre utilizados pelas autoridades e pela população, da relação entre a participação das localidades na arrecadação do Subsídio Literário e a falta de contrapartida na oferta de aulas. Muitas demandas enviadas à Coroa para criação de aulas e nomeação de professores baseavam-se nesses argumentos, além, é claro, de ressaltarem as vantagens da educação da mocidade:

> A Vossa Majestade expõem os Oficiais da Câmara da Vila de Pitangui, em carta de 31 de dezembro de 1773; que sendo Vossa Majestade servido por lei de 6 de Novembro de 1772, e de 17 de

---

[18] APM/CC-Cx.94. Mapas de população de diversas freguesias da Capitania de Minas Gerais, elaborados entre 1796 e 1799. Os dados de 1818 estão em MATOS (1979).

outubro de 1773 estabelecer um subsidio literário para sustentação de Mestres, que possam instruir a mocidade nos princípios necessários de letras; com que se faz capaz da política e civilidade, que requer o trato humano, e estando os moradores daquela Vila contribuindo para o mesmo fim, não gozam ainda do efeito saudável de tão sábia providência por lhes não haverem sido nomeados ainda até agora os sobreditos Mestres: que sendo certo que dista aquela Vila da mais próxima que é a do Sabará trinta léguas, comarca do Rio das Velhas, e do fim do termo perto de sessenta, e constando a sua povoação de mais de doze mil almas se persuadem não ser da piedosa intenção de Vossa Majestade que fiquem seus filhos privados de um bem tão estimável como o das letras, que Vossa Majestade procura comunicar a todos os seus Vassalos, e para o conseguirem suplicam a Vossa Majestade lhes conceda os sobreditos Mestres, como se tem praticado com as demais Vilas daquela Capitania.[19]

Chama a atenção a relativa rapidez com que a população respondeu à nova situação criada nessa etapa das reformas pombalinas, evidenciando seu conhecimento sobre os princípios norteadores da legislação recém-criada. A Câmara de Pitangui indicou em sua solicitação alguns dos principais elementos presentes na lei: a contribuição da população por meio do tributo que deveria ser revertido no benefício para o qual havia sido criado; as funções e vantagens da educação para o bem do Estado e da sociedade; os critérios geográficos e populacionais que justificariam a criação de aulas régias em uma determinada povoação. Os pareceres do Conselho Ultramarino e do Procurador da Fazenda foram favoráveis à solicitação, afirmando não haver "razão alguma que cohoneste pagarem os suplicantes um tributo determinado a um fim de sua utilidade sem a terem e sem lhes darem os meios de a conseguirem há tantos anos".[20] Esse despacho foi dado cinco anos depois, em 1778, e encaminhado ao Rei para decisão final. Os moradores da Vila de Pitangui devem ter tido que esperar ainda algum tempo pela nomeação dos desejados professores, pois só há evidências seguras de

---

[19] AHU-ACL-N-Minas Gerais, n. 8875. Disponível em *Projeto Resgate*, Centro de Memória Digital, UnB: <http://www.cmd.unb.br>. Para a compreensão das distâncias entre as localidades, considere-se que 1 légua equivale a 6,6 km.

[20] AHU-ACL-N-Minas Gerais, n. 8875.

aulas régias nessa localidade a partir de 1783, para Gramática Latina, e de 1787, para as Primeiras Letras.

Já no início do século XIX, os incômodos causados por essa equação, nem sempre bem resolvida, entre a arrecadação do tributo e sua aplicação no ensino régio, ainda eram motivo para as queixas das populações, por meio de suas Câmaras, por vezes apimentadas por confusões administrativas, como a que levou a Câmara de São José do Rio das Mortes a se dirigir ao Conselho Ultramarino:

> Diz a Câmara da Vila de São José Comarca do Rio das Mortes Capitania de Minas Gerais, que desde a criação desta Vila os seus concidadãos, conhecendo que só por meio das Letras poderiam os mancebos seus filhos ser úteis à Igreja e ao Real serviço, logo [pro-moveram] nesta Vila Escolas das primeiras Letras, e de Gramática Latina, pagando aos Professores, até que por Ordem Real foram [...] com o rendimento subsidio literário, imposto nas aguardentes e nas carnes: cuja arrecadação tem sido feita neste Termo pela suplicante até o fim do ano de 1800, por se passar de então em diante a ser o dito subsidio arrematado: e como neste presente ano de 1801 o atual Professor da Gramática Latina, deixando a Classe, se retirou para a Vila de São João se acha nela, segundo é constante, ser Professor de diferente Aula com o [rendimento] que percebia nesta Vila com razão a suplicante e seus concidadãos devem queixar-se a V. A. R. sobre a infração da sua [...] que está de ter a dita Aula Real da língua latina na sua Vila [...] e contribuindo a seu [serviço] o subsidio literário relativo à solução dos ditos Professores.[21]

A Vila de São José do Rio das Mortes teve alguns problemas, de tempos em tempos, com o que parece ter sido uma "irresistível" mobilidade de indivíduos entre ela e a Vila de São João del-Rei, cabeça da comarca, mais populosa e importante e distante apenas duas léguas. O professor mencionado no documento era o Padre João Varela da Fonseca Cunha, que, ao mudar-se da Vila em 1801, deixou-a sem aula de Gramática Latina por longo período; não temos indicações seguras de que alguém o tivesse substituído até 1814. O seu deslocamento e a

---

[21] AHU-ACL-N- Minas Gerais, n. 12209. Disponível em *Projeto Resgate*, Centro de Memória Digital, UnB: <http://www.cmd.unb.br>.

continuação do seu pagamento em outra vila, com o que os cidadãos de São José identificavam como o "seu" tributo, eram afronta que não poderia ser tolerada.

Os requerimentos produzidos pelas Câmaras foram também utilizados em processos que pareciam ser de "recriação" de cadeiras, em casos caracterizados como de vacância, ou ausência de professor, sem a imediata substituição. Em Vila Nova da Rainha do Caeté, por exemplo, já havia aula de Primeiras Letras desde o final da década de 1780, e a cadeira de Gramática Latina tem registro seguro a partir de 1792. Nesta última atuou, até 1801, o professor Antonio Gonçalves Gomide, que não foi substituído quando a deixou. Depois de alguns anos, em 1805, a Câmara da Vila tentava resolver a questão, reclamando que o montante do Subsídio Literário arrecadado naquele termo seria suficiente para que fossem mantidas ali as duas aulas, mas apenas a de Primeiras Letras estaria provida. A de Gramática Latina estaria funcionando na Vila de Sabará, provocando "obstáculos e incômodos", pois só podendo "os pais mandar seus filhos aprender mais longe aquela Língua, ficam estes muitas vezes sepultados na ignorância", quando isso não é possível. Por isso pediam ao príncipe regente D. João que nomeasse um "Mestre Latino" para a Vila.[22]

A análise do mapa com a localização das aulas régias em face dos dados censitários de algumas das localidades ajuda a esclarecer o quadro geral da sua distribuição pelo território e o alcance que teriam tido quanto ao seu funcionamento e atendimento à população interessada nos estudos menores. Tomei como exemplos algumas localidades para as quais há dados de população para o período entre 1796 e 1799, quando a maior parte das aulas régias identificadas já estava em funcionamento regular. Na Fig. 1 estão destacadas essas localidades, todas orbitando em torno da Vila de Sabará (13), cabeça da Comarca do Rio das Velhas. Além da própria Vila de Sabará, onde as cadeiras de Primeiras Letras e de Gramática Latina funcionavam desde a década de 1780, Vila Nova da Rainha do Caeté (18) e os arraiais de Santa Bárbara (26), Santa Luzia (12) e São Miguel do Piracicaba (27) tinham aulas régias de Primeiras

---

[22] APM/CC-Cx. 149 - 21439

Letras, sendo que Vila Nova da Rainha ainda oferecia a de Gramática Latina. Juntas, essas povoações tinham cerca de 41 mil habitantes em 1797, o que representaria aproximadamente 40% da população total da Comarca.[23] O alcance dessas aulas em cada uma das povoações e seus arredores é dado de difícil apreensão, pois não nos é possível saber precisamente quantas crianças e jovens frequentavam cada uma delas. São raros os registros como o referente ao professor de Primeiras Letras Antonio Gomes Chaves, de Vila do Príncipe, que teria 85 meninos em sua aula em 1802, segundo atestado passado pela Câmara da Vila.[24]

O que isso poderia significar em relação ao conjunto da população? Embora a falta de referências precisas configure um problema metodológico, arrisco-me novamente a um exercício, tomando alguns dados populacionais disponíveis. José Vieira Couto (*apud* MENESES, 2000) informa que a Vila do Príncipe teria cerca de três mil habitantes em 1800. Se assim for, os alunos do professor Antonio Gomes Chaves representariam perto de 2,8% da população da Vila. Não tenho para a Vila do Príncipe, como para outras localidades, os dados detalhados da composição populacional, mas talvez seja possível uma comparação estimativa com outras povoações com quantidades próximas de habitantes.

O Arraial do Forquim, termo de Mariana, tinha uma população de 4.503 pessoas em 1798, das quais 300 tinham entre 7 e 15 anos de idade, faixa etária em que se costumava frequentar as aulas de Primeiras Letras e

---

[23] Essa estimativa não é precisa, pois baseia-se em dados separados por cerca de 20 anos. Os dados populacionais das povoações mencionadas referem-se à média dos anos 1796 a 1799, e os números totais da população da comarca são de 1776. Mesmo considerando a variação que seria verificável no período, alterando mais ou menos sensivelmente aquela proporção, assumi utilizar os dados esperando poder dar uma ideia da concentração populacional na região demarcada, em sua relação com a existência de aulas régias que funcionaram aí de maneira razoavelmente regular no período. As fontes são os mapas de população de diversas freguesias da Capitania de Minas Gerais, elaborados entre 1796 e 1799 (APM/CC-Cx.94). O censo de 1776 está em AHU-ACL-N-Minas Gerais, n. 8754, disponível em *Projeto Resgate*, Centro de Memória Digital, UnB: <http://www.cmd.unb.br>. São os documentos utilizados por ROCHA (1995) e COELHO (2007). Ver FRAGOSO (1972) e SILVA (2004), que consideraram a questão das relações entre as aulas, sua localização geográfica e os dados populacionais para a Capitania de São Paulo e o termo da Cidade de Mariana, respectivamente.

[24] APM/CC-Cx. 117-20792.

de Gramática Latina.[25] Nesse número estavam incluídos livres e escravos, brancos, pardos e negros. Apesar de não haver impedimentos legais para a presença de crianças escravas nas aulas, consideremos a maior probabilidade de os alunos serem, majoritariamente, livres, brancos e pardos.[26] Nesse perfil, a população escolarizável somaria, no Arraial do Forquim, 3,5% do total. Também seria essa a situação no Arraial da Barra Longa, termo de Mariana, que teria 3,9% de sua população livre em idade de frequentar as aulas, de um total de 4.095 habitantes em 1797.[27] A proporção segue parecida quando se verificam localidades com população maior: 4,4% de um total de 11.800 habitantes em Guarapiranga, em 1797; 3,7% de 8.042 habitantes em Itaverava, em 1798; 4,8% de 8.764 habitantes em São Miguel do Piracicaba, em 1798.[28]

Embora este seja, como afirmei, um exercício de suposição, é interessante observar que os números percentuais de crianças e jovens potencialmente escolarizáveis são bem próximos à quantidade de alunos declarados pelo professor Antonio Gomes Chaves, de Vila do Príncipe. Isso nos dá elementos para pensar sobre as dimensões da presença das aulas régias nas povoações da Capitania de Minas Gerais, ajudando, talvez, a esclarecer sobre a relativa longevidade de muitas dessas aulas, sobre a permanência nelas de alguns professores por longos períodos e, finalmente, sobre a importância das aulas régias para o processo de escolarização em Minas Gerais, iniciado com as reformas pombalinas da educação.

Voltando ao problema da criação das cadeiras e seu efetivo funcionamento, é preciso considerar que muitas delas tiveram existência formal sem que tenham sido encontrados registros de atuação de um

---

[25] APM/CC-Cx. 94-20362. Taboa da população da Freguesia do Senhor Bom Jesus do Monte do Forquim. 1798.

[26] Essa probabilidade está baseada em informações obtidas em outras fontes, que indicam a presença dominante de meninos e jovens brancos e pardos nas aulas de professores particulares.

[27] APM/CC-Cx. 94-20363. Taboa da população da Freguesia de São José da Barra Longa, termo de Mariana. 1797.

[28] APM/CC-Cx. 94-20363. Taboa da população da Freguesia de Guarapiranga, termo de Mariana. 1797; APM/CC-Cx. 94-20364. População da Freguesia de Santo Antonio da Itaverava, 1798; APM/CC-Cx. 94-20366. Mappa da população que neste ano de 1798 contem esta Freguesia de São Miguel do Piracicaba.

professor por um pequeno período que fosse. Enganos cometidos no momento dos registros? Cadeira criada formalmente, mas nunca ocupada por um professor? O documento de 1814 apresenta incongruências que podem referir-se às falhas de elaboração desses relatórios; são dadas como vagas algumas cadeiras em momentos para os quais há registros de atividades de seus respectivos professores. Ocorre ainda ausência de menção a alguma cadeira para a qual existem registros de seu funcionamento. A identificação de professores em licença, ou com suas provisões vencidas, pode esclarecer algumas dessas incongruências. Para ajudar na compreensão desse emaranhado sobre a "estrutura" das aulas régias na Capitania de Minas Gerais, reuni na Tab. 1 os dados dos relatórios de 1814 e as informações coletadas no restante da documentação. Essa tabela expressa, no conjunto, a situação afinal encontrada em 1814 quanto ao número e à localização das cadeiras de Primeiras Letras e de Gramática Latina na Capitania. Ressalte-se que considerei as localidades individualmente, não reunindo, por exemplo, aquelas que faziam parte dos termos das vilas, o que somaria no cômputo final das cadeiras de cada uma delas. Nesse sentido, respeitei a forma como aparecem indicadas nas fontes, não importando se trata-se de arraiais, vilas ou cidade.

TABELA 1
Cadeiras de Primeiras Letras
e de Gramática Latina (1772-1814)

Localidade	Relatório de 1814		Dados de outros documentos (1772-1814)	
	Primeiras Letras	Gramática Latina	Primeiras Letras	Gramática Latina
Barbacena	1	–	–	–
São José da Barra Longa	1	–	1	–
Vila Nova da Rainha do Caeté	1	1	1	1
Campanha da Princesa	1	1	1	1
Catas Altas	1	–	1	–
Conceição do Mato Dentro	1	–	1	–

Congonhas do Campo	1	–	1	–
Curral del Rei	1	–	1	–
Furquim	1	–	1	–
Gouvêa	1	–	–	–
Guarapiranga	1	1	1	1
Inficionado	1	–	1	–
Itaverava	1	–	1	–
Santana das Lavras do Funil	1	–	1	–
Mariana	1	1	1	2
Minas Novas	1	1	1	1
Paracatu	1	–	1	1
Peçanha	1	–	1	–
Pitangui	1	1	1	–
Pomba	–	–	1	–
Queluz	1	–	1	–
Rio Verde	1	–	1	–
Rio Vermelho	1	–	1	–
Sabará	1	1	1	2
Santa Bárbara	1	–	1	–
Santa Luzia	1	–	1	–
São Bento do Tamanduá	1	–	1	–
São João Del Rei	1	1	1	1
São José do Rio das Mortes	1	1	1	1
São Miguel do Piracicaba	1	–	1	–
Sumidouro	1	–	1	1
Tejuco	1	1	1	1
Vila do Príncipe	1	1	1	1
Vila Rica	2	1	2	1
Total	**34**	**12**	**33**	**15**
Total geral	**46**		**48**	

Fontes: "Dados sobre a instrucção pública. 1814". *Revista do Arquivo Público Mineiro*, 1902; Registros de pagamentos de ordenados de professores régios, requerimentos e atestados de professores enviados à Junta da Fazenda, existentes na Coleção Casa dos Contos (Arquivo Público Mineiro e Biblioteca Nacional do Rio de Janeiro).

A pequena diferença apresentada entre os dois levantamentos é um bom indicativo de serem esses números bastante próximos da realidade e de se poder confiar razoavelmente nos dados coletados na documentação, embora haja falhas nas informações fornecidas nos registros oficiais sobre as atividades dos professores quanto ao seu tempo de trabalho efetivo e quanto ao recebimento dos seus ordenados conforme a comprovação dessa atividade. Refiro-me, por exemplo, às omissões sobre licenças e condições de substituição, desistências, falecimento, etc.

O levantamento mais sistemático das fontes e a organização desses dados, com a construção de instrumentos para comparação, permitem avançar efetivamente a análise sobre o quadro geral do ensino régio na Capitania de Minas Gerais, para além do que já havia sido apresentado em trabalhos como o de José Ferreira Carrato (1968), aliás fundamentado basicamente no mesmo documento de 1814, e no texto de Feu de Carvalho (1933), carente de referências documentais. Os estudos mais recentes que mencionei anteriormente têm se debruçado sobre regiões específicas, evidenciando para elas as particularidades do ensino régio, tendo os professores como sujeitos centrais do processo.[29]

As fontes permitem a identificação dos professores que ocuparam essas cadeiras, nomeados como proprietários[30] ou como substitutos; em alguns casos, os seus períodos de licença, falecimentos e desistências e, com frequência, as dificuldades enfrentadas para o recebimento dos ordenados. No período de 1772 a 1814 houve registro de 32 professo-res régios de Gramática Latina relacionados às 15 cadeiras identificadas na Capitania e 49 professores relacionados às 33 cadeiras de Primeiras Letras.[31] Mas para efeito desta análise, considerei apenas aqueles para os quais há registros de mais visível e efetiva atividade. Por isso descartei aqueles professores para quem foram encontrados apenas os registros dos seus exames perante as autoridades responsáveis e/ou os registros

---

[29] Ver nota 7.

[30] Aqueles que tinham recebido as cartas de propriedade das cadeiras.

[31] Note-se que estou considerando o número total de cadeiras conforme o levanta-mento que reuniu os dados de 1814 com os demais, coletados em outros docu-mentos, conforme a Tab. 1.

de suas provisões, sem evidências de que tivessem tomado posse e ocupado efetivamente as cadeiras. Também acabei por eliminar uns poucos para os quais só foram localizados registros para um ou dois anos, e sem evidências mais seguras de exercício do magistério por um tempo mais prolongado. Assim, o número reduziu-se a 28 professores de Gramática Latina e 39 professores de Primeiras Letras. A sua distribuição pelas localidades pode ser vista na Tab. 2:

TABELA 2
Número de professores régios por cadeira (1772-1814)

Localidade	Cadeiras	
	Primeiras Letras	Gramática Latina
São José da Barra Longa	1	–
Vila Nova da Rainha do Caeté	1	1
Catas Altas	1	–
Conceição do Mato Dentro	1	–
Congonhas do Campo	1	–
Curral del Rei	1	–
Furquim	1	–
Gouvêa	1	–
Guarapiranga	1	3
Inficionado	1	–
Itaverava	1	–
Santana das Lavras do Funil	1	–
Mariana	2	3
Minas Novas	3	2
Paracatu	1	2
Peçanha	1	–
Pitangui	1	3
Queluz	1	–
Rio Verde	1	–

Rio Vermelho	1	-
Sabará	3	2
Santa Bárbara	1	-
Santa Luzia	1	-
São Bento do Tamanduá	1	-
São João Del Rei	1	2
São José do Rio das Mortes	2	2
São Miguel do Piracicaba	1	-
Sumidouro	1	1
Tejuco	1	1
Vila do Príncipe	2	1
Vila Rica	2	5
Total	**39**	**28**
Total geral	**67**	

Fontes: "Dados sobre a instrucção pública. 1814". *Revista do Arquivo Público Mineiro*, 1902; Registros de pagamentos de ordenados de professores régios, requerimentos e atestados de professores enviados à Junta da Fazenda, existentes na Coleção Casa dos Contos (Arquivo Público Mineiro e Biblioteca Nacional do Rio de Janeiro).

A ocupação dessas cadeiras não foi uniforme durante todo o período; como já mencionei, havia momentos de vacância por motivos diversos, como licença (por motivos de saúde, viagem ou outros), desistência, falecimento, e ainda pelo vencimento das provisões dos professores. Muitos deles recebiam provisão por tempo ilimitado, e isso poderia garantir o funcionamento das aulas por longos períodos, sem interrupções. Mas essa não era regra geral, e muitos recebiam provisões por tempos que variavam de um a seis anos. Quando elas expiravam, as cadeiras ficavam vagas temporariamente, até que as provisões fossem novamente concedidas, para o mesmo professor ou para outro, quando fosse o caso. Essas situações ajudam a explicar o desenho decorrente da organização dos dados coletados na documentação, e que demonstra a ocupação e o funcionamento das aulas régias de Primeiras Letras e de Gramática Latina no período considerado, conforme se observa nos Quadros 1 e 2:

QUADRO 1
AULAS RÉGIAS DE GRAMÁTICA LATINA EM ATIVIDADE (1772-1814)

LOCAL/ANO		72	73	74	75	76	77	78	79	80	81	82	83	84	85	86	87	88	89	90	91	92	93	94	95	96	97	98	99	00	01	02	03	04	05	06	07	08	09	10	11	12	13	14
CAETÉ	A																																											
	V																																											
GUARAPIRANGA	A																																											
	V																																											
MARIANA (2)	A																																											
	V																																											
MINAS NOVAS	A																																											
	V																																											
PARACATU	A																																											
	V																																											
PITANGUI	A																																											
	V																																											
SABARÁ (2)	A																																											
	V																																											
SÃO JOSÉ	A																																											
	V																																											
SJDR	A																																											
	V																																											
SUMIDOURO	A																																											
	V																																											
TEJUCO	A																																											
	V																																											
VILA DO PRINCIPE	A																																											
	V																																											
VILA RICA	A																																											

Legenda: A= Ativa; V= Vaga

QUADRO 2
AULAS RÉGIAS DE PRIMEIRAS LETRAS EM ATIVIDADE (1772-1814)

LOCAL/ANO		72	73	74	75	76	77	78	79	80	81	82	83	84	85	86	87	88	89	90	91	92	93	94	95	96	97	98	99	00	01	02	03	04	05	06	07	08	09	10	11	12	13	14
BARRA LONGA	A																																											
CAETÉ	A																																											
	V																																											
CATAS ALTAS	A																																											
CONCEIÇÃO DO MATO DENTRO	A																																											
CONGONHAS	A																																											
CURRAL DEL REI	A																																											
FURQUIM	A																																											
	V																																											
GOUVEA	A																																											
	V																																											
GUARAPIRANGA	A																																											
	V																																											
INFICIONADO	A																																											
ITAVERAVA	A																																											
	V																																											
LAVRAS	A																																											
	V																																											
MARIANA	A																																											
	V																																											
MINAS NOVAS	A																																											
	V																																											
PARACATU	A																																											
	V																																											

Legenda: A= Ativa; V= Vaga

QUADRO 2 (*continuação*)

AULAS RÉGIAS DE PRIMEIRAS LETRAS EM ATIVIDADE (1772-1814)

LOCAL/ANO		72	73	74	75	76	77	78	79	80	81	82	83	84	85	86	87	88	89	90	91	92	93	94	95	96	97	98	99	90	01	02	03	04	05	06	07	08	09	10	11	12	13	14
PEÇANHA	A																																											
	V																																											
PITANGUI	A																																											
	V																																											
QUELUZ	A																																											
RIO VERDE	A																																											
	V																																											
RIO VERMELHO	A																																											
	V																																											
SABARÁ	A																																											
SANTA BARBARA	A																																											
SANTA LUZIA	A																																											
	V																																											
SÃO JOSÉ	A																																											
	V																																											
SÃO MIGUEL	A																																											
SJDR	A																																											
SUMIDOURO	A																																											
	V																																											
TAMANDUÁ	A																																											
	V																																											
TEJUCO	A																																											
	V																																											
VILA DO PRINCIPE	A																																											
	V																																											
VILA RICA (2)	A																																											
	V																																											

Legenda: A= Ativa; V= Vaga

Nesses quadros é possível visualizar com mais clareza o cenário de funcionamento das aulas régias na Capitania de Minas Gerais, mesmo considerando, ainda, algumas incongruências derivadas dos dados obtidos na documentação e as lacunas para as quais não foram localizadas evidências. A não ser aquelas com indicação específica entre parênteses, todas as localidades mostradas nos quadros possuíam uma cadeira de cada "disciplina".[32] Em alguns casos, percebe-se nitidamente a coerência entre os períodos de ocupação e de vacância, quase sempre em razão do vencimento de provisões ou do falecimento dos professores. No Quadro 1, por exemplo, vê-se na Vila de Minas Novas a interrupção da atividade em 1798, por vencimento da provisão do professor, e sua retomada em 1802, depois que a provisão foi novamente concedida. A mesma situação pode ser vista no Quadro 2, para a Vila de Paracatu. Nas localidades onde havia duas cadeiras da mesma disciplina, reuni os dados dos momentos de atividade em apenas uma linha do quadro, assim como os momentos de vacância. Em outra parte, farei uma análise mais detalhada dessas situações ao focar, de forma mais individualizada, os professores que atuaram mais expressivamente e as aulas que funcionaram mais uniformemente durante o período.

Os espaços em branco entre os períodos de atividade das cadeiras não indicam, necessariamente, o seu não funcionamento, mas a ausência de dados precisos que indicassem que os professores estivessem atuando. Os períodos de inatividade presentes nos documentos foram indicados em tom mais escuro e, muitas vezes, estão em conflito com os dados sobre os períodos de atividade, sobretudo nos lugares onde havia apenas uma cadeira de uma das disciplinas. É o que se observa ter ocorrido, por exemplo, com a cadeira de Primeiras Letras de Pitangui, que, segundo os relatórios da Junta da Real Fazenda,

---

[32] Quando necessário, utilizo esse termo para fazer referência ao "conteúdo" ensinado nas cadeiras, ou seja, Primeiras Letras ou Gramática Latina, e que também dava nome a elas. Disciplina é termo descrito como "arte liberal, ciência, porque, em latim, 'disciplina' quer dizer 'coisa que o Mestre ensina ao Discípulo'" (BLUTEAU, 1712). Optei por essa denominação em alguns trechos do texto a fim de evitar confusões de leitura no momento das contabilizações realizadas.

teria ficado vaga entre 1795 e 1800, mas para cujo período há registros de seu funcionamento sob a responsabilidade do professor José Rodrigues Domingues. É possível que fossem registradas como vagas pelo vencimento das provisões, e que os professores continuassem a ocupá-las enquanto aguardavam nova provisão, como o que ocorreu com Antonio Correa de Souza Melo, professor de Gramática Latina de Vila Rica. Ele recebia provisão por três anos renováveis e, vendo-a vencida em 1777, recebeu autorização da Rainha D. Maria I para permanecer em suas funções até que nova carta lhe fosse concedida.[33] Com essa autorização, o professor continuava a enviar seus atestados de exercício do magistério para registro dos ordenados a receber para cada período de atividade. Era nesses casos que a expiração das provisões não chegava a ser registrada como vacância, e novas provisões eram concedidas ao mesmo professor, que permanecia no exercício por períodos mais extensos e sem interrupções, como ocorreu também com o já citado Antonio Gomes Chaves, professor das Primeiras Letras de Vila do Príncipe. Ele havia tomado posse da cadeira em 1801 e solicitou sua permanência com nova provisão, concedida pelo Governador da Capitania:

> Pedro Maria Xavier de Ataíde e Melo do Conselho de Sua Alteza Real, Governador e Capitão General da Capitania de Minas Gerais. Faço saber aos que esta minha provisão virem, que atendendo a Antonio Gomes Chaves representar-me achar-se exercendo a ocupação de magistério de ler e escrever e contar na Vila do Príncipe com toda satisfação, desejando nela continuar: hei por bem fazer mercê de prover o dito Antonio Gomes Chaves na referida ocupação de ensinar a ler, escrever e contar na comarca acima mencionada, por tempo de seis anos que já tem princípio em doze de setembro do ano corrente, e findarão em 11 de setembro de 1813, vencendo o ordenado competente pago pelo rendimento do subsidio literário desta Capitania na forma das reais ordens.[34]

A provisão foi registrada em Vila Rica em fevereiro de 1808, mas sua validade foi retroativa a setembro de 1807, o que pode significar

---

[33] APM/Secretaria de Governo da Capitania. SC-190, fls. 95-95v.

[34] APM/Secretaria de Governo da Capitania. SC-306.5, fl. 107.

que o professor tivesse continuado suas atividades com a provisão anterior vencida, até que a nova lhe fosse concedida. Antonio Gomes Chaves continuou atestando suas atividades perante as autoridades até pelo menos 1819.

Essa organização dos dados ajuda na compreensão acerca dos possíveis significados da implantação das aulas régias na Capitania de Minas Gerais para além das explicações generalizantes, comuns numa parte da historiografia da educação brasileira. A ideia do fracasso absoluto das reformas pombalinas foi construída por contraposição à convicção acerca do sucesso absoluto dos empreendimentos jesuíticos na América portuguesa e só poderia ser válida, como resultante de um método comparativo, para aquelas áreas onde a Companhia de Jesus teria atuado. Essa comparação não poderia ser aplicada à Capitania de Minas Gerais, já que, nela, como sabemos, as ordens religiosas não puderam se instalar com suas casas por determinação de D. João V, no início do século XVIII. Nessa parte da América portuguesa, os interessados na instrução elementar e nos estudos do latim tinham que recorrer, localmente, aos professores particulares e pagar pelas aulas quando não havia disponibilidade de mestres pagos pelas Câmaras, conforme a determinação régia de 1721:

> Dom João por graça de Deus Rei de Portugal e dos Algarves etc. Faço saber a vós D. Pedro de Almeida Conde de Assumar, Governador e Capitão General da Capitania de São Paulo e terras das minas, que considerando-se que os povos das minas por não estarem suficientemente civilizados e estabelecidos em forma de repúblicas regulares, facilmente rompem em alterações e desobediências e se lhe devem aplicar todos os meios que os possa reduzir a melhor forma: me pareceu encarregar-vos como por esta o faço procureis com toda a diligência possível para que as pessoas principais e ainda quaisquer outras tomem o estado de casados e se estabeleçam com suas famílias reguladas na parte que elegerem para a sua povoação, porque por este modo ficarão tendo mais amor à terra e maior conveniência do sossego e consequentemente ficarão mais obedientes às minhas reais ordens e os filhos que tiverem do matrimonio os façam ainda mais obedientes [...] e porque sou informado que nessas terras há muitos rapazes os quais se criam

sem doutrina alguma, que como são ilegítimos se descuidam os pais deles, nem as mães são capazes de lhe darem doutrina: vos encomendo trateis com os oficiais da Câmara das minas desse governo sejam obrigados em cada Vila a ter um Mestre que ensine a ler e escrever e outro que ensine latim e os pais mandem seus filhos a estas escolas e os ditos pais pagarão também aos ditos Mestres o salário correspondente.[35]

Note-se que a educação – neste caso, a instrução elementar e o aprendizado do latim – fazia parte de uma política de ordenamento da sociedade das minas no início do século XVIII, em associação com medidas de organização da população sob o império da lei e da ordem, segundo os ditames políticos e morais da época. Por obediência ou não às ordens de D. João V, o fato é que foi bastante expressiva a atuação de professores particulares, pagos pelas famílias para o ensino das Primeiras Letras e da Gramática Latina, mesmo depois da criação das aulas públicas estatais pelas reformas pombalinas.

Numa primeira abordagem, as fontes indicam o funcionamento das aulas régias numa situação de mobilização de recursos humanos e materiais, relacionada à arrecadação do Subsídio Literário e ao pagamento dos ordenados dos professores. Esse processo envolvia as trâmites administrativos de concessão de provisões, de registro de posse dos professores, de comunicação entre eles e as autoridades – esta última relacionada principalmente a licenças, substituições, comprovação do exercício do magistério e reclamações sobre atrasos nos pagamentos. Os dados visíveis nos quadros e nas tabelas apresentadas demonstram que, ao contrário do que se afirmou por muito tempo, as reformas pombalinas não jogaram a educação escolar num vazio absoluto, nem ela ficou restrita aos movimentos de substituição das estruturas jesuíticas pelas fluidas "escolas" régias. Não se pode, evidentemente, tomar esses dados como significando, mecanicamente, um funcionamento dinâmico e eficaz das aulas régias, o que seria, no mínimo, ingênuo. Mas não é possível ignorar que, num espaço de tempo relativamente curto

---

[35] APM/Secretaria de Governo da Capitania. SC-23, fl. 6-6v. O documento também está transcrito na Revista do Arquivo Público Mineiro, ano XXX, 1979.

como o que está sendo analisado – 42 anos –, as aulas e os professores régios tornaram-se elementos de razoável visibilidade nas principais localidades da Capitania de Minas Gerais, fazendo parte do cotidiano de suas populações.

A presença e a atuação de muitos desses professores por longos períodos é, no meu entender, indício significativo de que as aulas régias, por mais que estivessem longe de constituírem um "sistema" eficiente e abrangente, representavam a oportunidade possível para a instrução gratuita das populações dos núcleos urbanos da Capitania, e a predominância das aulas de Primeiras Letras confirma essa suposição. Elas estiveram presentes, mesmo que não ininterruptamente, não apenas nos maiores núcleos – em geral as Vilas e cabeças de comarcas – mas também naquelas povoações menores.

Na Fig. 1 foram indicadas as localidades com aulas régias no período entre a Lei de 1772 e o Ato Adicional de 1834, cujos efeitos levaram à extinção do sistema pombalino.[36] Reorganizei aqueles dados para apresentar o mapa a seguir, em conformidade com os recortes feitos em termos cronológicos e com os acertos quanto ao número de cadeiras encontradas nos registros para o período entre 1772 e 1814. Estão em destaque as localidades onde havia as duas cadeiras – de Primeiras Letras e Gramática Latina –, o que nos permite perceber uma distribuição razoavelmente equilibrada entre as comarcas, cada uma delas com três localidades nesta categoria. A distribuição mantém a localização de todas elas nas áreas mais densamente povoadas da Capitania de Minas Gerais, o que coincide com os critérios de criação das cadeiras conforme as indicações da legislação e, neste caso, mesmo quando as localidades estavam muito próximas umas das outras.

---

[36] Isso ocorreu porque, com a descentralização promovida pela Lei de 1834, toda a gestão e todo o financiamento da educação escolar passou a ser responsabilidade das províncias, e os professores passaram a ser, consequentemente, funcionários provinciais ou municipais. O ensino régio, integrante de um sistema administrativo e fiscal centralizado, deixava, portanto, de existir na prática. Essas mudanças não se aplicavam ao ensino superior. O texto integral da lei está disponível em <http://www2.camara.gov.br/legin/fed/lei/1824-1899/lei-16-12-agosto-1834-532609-publicacao-14881-pl.htm>.

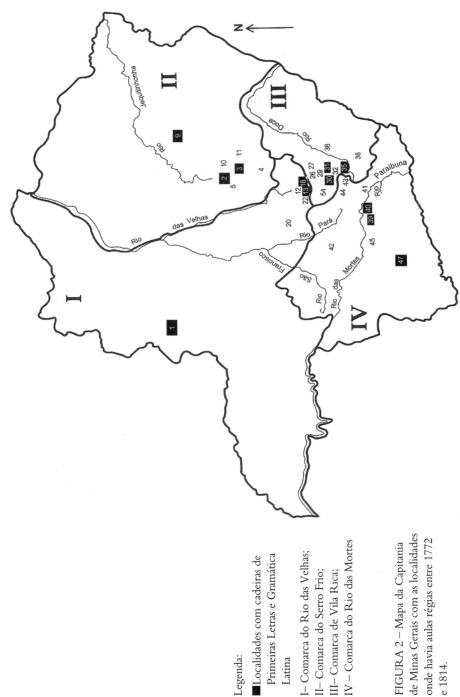

FIGURA 2 – Mapa da Capitania de Minas Gerais com as localidades onde havia aulas régias entre 1772 e 1814.

Diversas situações podem ser consideradas a partir da análise superposta e/ou comparativa dos instrumentos que organizei – mapas, quadros e tabelas –, principalmente em relação à estabilidade e à longevidade de algumas cadeiras ao longo do período e à permanência de alguns professores por mais tempo, sem intervalos importantes. Ao assumir esses dois aspectos como critérios para o desenvolvimento da análise, privilegiei os professores e as localidades correspondentes, começando por aquelas que receberam as primeiras cadeiras criadas pela Lei de 6 novembro de 1772: as vilas de São João del-Rei e Vila Rica e a cidade de Mariana (Primeiras Letras e Gramática Latina), e a Vila de Sabará (Primeiras Letras). Não se passou muito tempo até que as primeiras providências fossem tomadas para prover as cadeiras de Gramática Latina para as três localidades contempladas pela Lei.

A coexistência de duas cadeiras régias de Gramática Latina na cidade de Mariana é detectada depois de 1790, e seu funcionamento parece ter sido razoavelmente estável durante esse período, mesmo considerando os momentos em que uma delas esteve vaga por algum dos habituais motivos, conforme já mencionei. Essa foi a localidade a apresentar o segundo maior número de professores de Gramática Latina ao longo desse tempo (três), mas cuja presença confirmada no exercício do magistério parece ter sido menos uniforme do que, por exemplo, na vizinha Vila Rica. A presença em Mariana de duas cadeiras de Gramática Latina pode ter alguma relação com a existência aí, desde 1750, do Seminário; elas poderiam funcionar como etapa preparatória para o ingresso nos estudos eclesiásticos, além de terem sua função tradicional de preparação para os estudos superiores.

Embora a cadeira de Primeiras Letras para Mariana tenha sido criada em 1772, as evidências de seu funcionamento, com registro de professores, só aparecem seguramente a partir de 1789. Antes disso, há informações sobre o professor Antonio Maciel de Araújo, que ensinava como professor particular, quando requereu, em 1764, licença para continuar o exercício do magistério sem o exame, alegando viver longe do Rio de Janeiro, onde ele deveria ser feito. A Diretoria Geral dos Estudos ordenou que ele pudesse ser examinado na localidade mais próxima onde houvesse um Comissário e que lhe fosse dada a licença – o que deve ter ocorrido, pois em 1775 Antonio Maciel de Araújo recebeu sua provisão como professor régio de Gramática Latina, designado para São José do Rio das Mortes. Somente a partir de 1787, essa cadeira de Gramática Latina de Mariana apresentou funcionamento mais regular, até o final do período que estou considerando (1814), nas mãos de dois professores que se sucederam, Gonçalo da Silva Lima e Francisco Xavier da França.[37]

Em Vila Rica as cadeiras de Gramática Latina e de Primeiras Letras também foram criadas pela Lei de 1772. Para a primeira os registros de funcionamento são quase imediatos à sua criação, havendo professores em exercício desde 1773, de forma bastante regular, até 1814. Já para a de Primeiras Letras os registros são mais seguros a partir de 1789. O mesmo ocorreu com a vila de São João del-Rei, a outra localidade a ter as duas cadeiras desde a Lei de 1772. Na verdade, a observação do Quadro 2 indica que a maior parte das cadeiras de Primeiras Letras na Capitania passou a funcionar de maneira mais regular a partir de 1789, enquanto que as cadeiras de Gramática Latina estiveram presentes e mais seguramente documentadas desde a década anterior, conforme mostra o Quadro 1.

Já a Vila de Sabará foi contemplada inicialmente com apenas uma cadeira de Primeiras Letras, cujo funcionamento foi detectado a partir de 1789, como a maioria. Uma das duas cadeiras de Gramática Latina que surgiram na Vila no decorrer do período já apresentava registros de seu funcionamento a partir de 1780, e outra foi acrescentada em momento não determinado. Ao menos uma delas esteve em atividade durante todo o período estudado, com certa estabilidade quanto à presença de professores.

Em outras localidades também houve relativa estabilidade no funcionamento das cadeiras, sobretudo a partir do final da década de 1780, quando, em Pitangui, São José do Rio das Mortes, Vila do Príncipe, Catas Altas, Congonhas do Campo, Curral del Rei, Peçanha, Inficionado e Santa Bárbara, diversos professores aparecem ativos durante muitos anos, possibilitando o funcionamento das cadeiras por longos períodos, quase sem interrupções. Em Vila do Príncipe, as cadeiras de Gramática Latina e Primeiras Letras funcionaram simultaneamente por quase todo o período entre 1790 e 1814, sob a responsabilidade

---

[37] Diferentes aspectos do funcionamento das aulas régias no termo de Mariana foram analisadas de forma mais verticalizada por SILVA (2004).

dos mesmos professores. É interessante observar que em algumas dessas localidades, a atuação dos professores parecia ser mais estável, havendo diversos casos em que o mesmo indivíduo ocupava a cadeira por muitos anos, mesmo com as eventuais interrupções pelos motivos habituais. Foi o caso dos professores João Varela da Fonseca Cunha (13 anos em São José); Antonio Gonçalves Gomides (9 anos em Caeté); Manoel Dias Lima (21 anos em Catas Altas); José Antonio Freire Barata (27 anos em Congonhas do Campo); José Teixeira Romão (26 anos em Inficionado); Marcelo da Silveira Lobato (26 anos no Curral del Rei); Joaquim José Pereira (27 anos em Santa Bárbara); Antonio José de Lima e Costa (25 anos em São Miguel do Piracicaba), para lembrar alguns dos mais destacados. Alguns dos professores identificados atuaram ainda por mais tempo depois de 1814, como José Teixeira Romão e Marcelo da Silveira Lobato, que ainda apresentavam atestado de exercício do magistério em 1821.

Principalmente a partir do início da década de 1790, mais localidades passaram a contar com aulas de Primeiras Letras e de Gramática Latina. Esse processo ajudaria a estabelecer a presença da educação escolar para além do período de vigência do que se convencionou denominar sistema das aulas régias. A legislação referente à instrução pública, nos primeiros anos do Estado imperial brasileiro, manteve muitos dos elementos que já estavam presentes no funcionamento geral do ensino régio do período colonial, como as faixas salariais conforme as cadeiras ocupadas pelos professores, a prescrição de exames para o ingresso no magistério público e a permanência de alguns dos tradicionais conteúdos ensinados nas aulas de Primeiras Letras. Além disso, muitos professores que atuaram nesses primeiros anos do Brasil independente haviam iniciado suas carreiras ainda como professores régios, sob a legislação herdada do período pombalino e incrementada durante os reinados de D. Maria I e de D. João VI.

A montagem de todo esse quadro sobre o processo de implantação das aulas régias na Capitania de Minas Gerais indica férteis possibilidades de reflexão, para além da compreensão dos aspectos quantitativos e geográficos. São sem dúvida importantes as indicações para o aprofundamento do conhecimento sobre o ensino régio, o que passa necessariamente pelo estudo do trabalho dos professores, devendo avançar para a análise do impacto que a existência das aulas régias, sobretudo de Gramática Latina e de Primeiras Letras, tiveram sobre a vida desses indivíduos e das comunidades onde se encontravam.

Condições de funcionamento das aulas régias na Capitania de Minas Gerais

Um dos aspectos de maior relevo quanto ao funcionamento das aulas régias após a Lei de 1772 diz respeito ao pagamento dos ordenados dos professores, o que envolvia, como sabemos, a arrecadação do Subsídio Literário e sua aplicação, segundo as finalidades de sua criação. Como já foi demonstrado por alguns autores que se dedicaram com maior profundidade a este problema, o sistema não funcionava tranquilamente, e os professores passavam às vezes vários anos sem receber o que lhes era devido (SILVA, 2004; SILVA, 2008). Para confirmar o direito ao recebimento dos ordenados, a atividade do professor tinha que ser comprovada, relativamente a cada trimestre do ano, mediante documentos emitidos pelas autoridades locais, sobretudo as Câmaras e as autoridades eclesiásticas mais próximas. A análise desses documentos comprobatórios e de outros que lhes eram correlatos faz emergir as situações mais comuns das condições de funcionamento das aulas régias. Eles são, por isso mesmo, fontes privilegiadas para a compreensão desse processo. Assim, o ajuste do foco nos professores e suas relações com a administração dos estudos na Capitania e nas diferentes dimensões de suas vidas cotidianas é o caminho escolhido para analisar aquelas condições.

A centralização, nas Juntas da Fazenda das Capitanias, do pagamento dos ordenados dos professores resultou na intensificação da comunicação entre eles e o órgão, mediada pelas Câmaras e pelas autoridades eclesiásticas. Os procedimentos eram, basicamente, centrados no envio, por essas instâncias e pelos próprios professores, de atestados de confirmação do exercício do magistério e de residência para o recebimento dos ordenados, a cada trimestre. Os constantes atrasos nos pagamentos obrigavam os professores a ocuparem uma parte importante do seu tempo monitorando esse processo, solicitando às Câmaras a elaboração dos atestados, complementando a documentação com declarações das autoridades eclesiásticas locais – quase sempre o vigário da freguesia –, ajuntando justificativas para as eventuais ausências, e, quando a situação chegava a momentos críticos, acrescentavam suas próprias solicitações alegando toda sorte de dificuldades decorrentes da falta dos ordenados.

A execução desses procedimentos, contudo, só passou a ocorrer integralmente a partir da década de 1790, quando o governo de D. Maria I atuou no sentido de estabelecer maior ordenamento e controle sobre o ensino régio na América. Os relatos sobre abusos cometidos pelos professores, enviados pela Real Fazenda da Capitania de Minas Gerais, davam conta do mau funcionamento das aulas pela infrequência dos docentes, pela prática da utilização de substitutos não autorizados ou sem as qualidades necessárias para o emprego, pelo esvaziamento das aulas e pela fuga de muitos estudantes para os mestres particulares. Em vista desse quadro, D. Maria I enviou aviso ao governador da Capitania, em maio de 1792, ordenando que

> Nas atestações que passareis a todos os referidos mestres, para com elas haverem os seus ordenados, venha precisamente indicado se os mesmos tem ensinado em todo o ano sucessiva e pessoalmente, assim como os intervalos, que tiveram por moléstia ou outro inconveniente que os precisaram nomear substituto os quais impedimentos devem justificar nesta camara do que se fará menção nas ditas atestações; bem entendido que não sendo estas assim legitimadas com as referidas individuações se lhe não satisfarão na tesouraria os seus ordenados.[38]

Em outra ordem, de agosto daquele mesmo ano, a Rainha completava a medida, determinando que, em contrapartida, a Real Fazenda não deixasse de pagar os ordenados devidos por falhas na arrecadação do Subsídio Literário, devendo esforçar-se em

> [...] pagar os professores e mestres os seus ordenados no tempo previsto segundo as minhas ordens, fazendo igualmente que as Camaras hajam de fazer uma boa, e exata arrecadação com a remessa da coleta em tempo, para o cofre do subsidio literário desta Capitania, o que não deixo de esperar do zelo da minha Junta pelo serviço de Deus e Meu.[39]

---

[38] APM/CC-Cx.10 – 10219.

[39] APM/CC-Cx. 94 – 20351.

O atrelamento do pagamento dos ordenados à comprovação do exercício do magistério, atestado e legitimado pelas autoridades civis e eclesiásticas, resultou, claramente, no esforço dos professores régios no sentido de demonstrarem o cumprimento de suas obrigações. Mesmo considerando-se a improbabilidade de termos total veracidade nessas comprovações, não há dúvidas quanto a algum comprometimento das Câmaras na emissão desses atestados, pois alguns foram passados indicando o funcionamento das aulas com ressalvas à atuação do professor. E também a Real Fazenda, ao incluir determinados professores na folha de pagamentos, o fazia mediante a condição da apresentação dos atestados de funcionamento efetivo das aulas.

Esse processo afetava tanto os professores que haviam recebido as cartas de propriedade das cadeiras quanto aqueles que haviam sido providos como substitutos. Havia uma outra "categoria" de substitutos, indicados pelos professores providos para períodos de necessidade e que eram pagos por eles, e não diretamente pela Junta da Fazenda. Os professores deveriam comunicar as autoridades sobre essa situação, procurando atestar a competência dos seus substitutos, submetidos também eles à apreciação das autoridades, que liberavam ou não a substituição. Esse processo ficava claro no caso do professor de Gramática Latina da Vila de São João del-Rei, Marçal da Cunha Matos, que em 1799 comunicou à Câmara a suspensão do exercício de sua aula desde janeiro daquele ano, pois havia ficado doente, e a autorização para indicar um substituto pago às suas próprias custas só havia sido dada pelo Bispo de Mariana para vigorar a partir de outubro. Ele assim o fez, e essa substituição se manteve até 1805 quando seu substituto, padre Manoel da Paixão e Paiva, recebeu sua própria provisão.[40]

Os encaminhamentos dos pedidos de substituição eram feitos por meio de outras autoridades quando se tratava de atestar que, apesar de impedimentos circunstanciais, não havia negligência no cumprimento das obrigações por parte dos professores. Além disso, essas informações eram o meio de não comprometer o recebimento dos ordenados, que nesses casos também deveriam ser utilizados para pagar os substitutos,

---

[40] BNRJ/Manuscritos. I-26,28,133.

conforme atestou o ouvidor da Comarca de Vila Rica para o professor Silvério Teixeira de Gouvêa:

> Atesto, que o Pe. Silvério Teixeira de Gouvêa, Professor de Gramática Latina nesta Capital, me fez constar, e tive certeza física de que repetindo-lhe com grande força a mesma moléstia, que em junho do ano de 1792 o incomodava, e da qual experimentou melhoria com a mudança de ares, como lhe haviam aconselhado os Professores de Medicina, se viu obrigado a retirar para o mesmo lugar, em o qual no sobredito ano se restabeleceu, nos princípios de janeiro de 1796, aonde esteve a medicar-se até o fim de março do dito ano, que se recolheu a esta Vila, e neste tempo foi substituída a sua cadeira por Francisco José da Silva, sujeito muito hábil, e por tal geralmente conhecido, pago à custa do dito Pe. Silvério Teixeira de Gouvêa; vindo assim a não experimentar a mocidade, cuja instrução lhe está confiada, incomodo, ou atraso algum nas lições. E para constar aonde convém, lhe passei esta por mim feita e assinada. Vila Rica, 5 de janeiro de 1799. O Ouvidor Geral e Corregedor da Comarca Antonio Ramos da Silva Nogueira.[41]

Também passou por situação semelhante o professor de Primeiras Letras do Arraial do Curral del Rei Marcelo da Silveira Lobato, para quem foi passado um atestado minucioso de sua condição de saúde:

> Atestação - Manuel da Costa Bacellar cirurgiao do Regimento de Milicia da Comarca do Sabará e aprovado em sua arte: atesto que Marcelo da Silveira Lobato padece uma grande dilatação na [vértebra] e [...] ha tempos dilatados de que lhe tem sobrevindo vários acidentes por esta causa [...] tem também padece [...] de gota pelas articulações que quando lhe acomete fica largos tempos impossibilitado de qualquer ação corporal, queixas estas que ameaçam maior risco e assim se me faz certo por lhe ter administrado por vezes algum socorro: passo o referido na verdade que o afirmo com juramento: Sabará, de agosto o primeiro de mil oitocentos e três. Manuel da Costa Bacellar. – Reconhecimento - Reconheço ser a atestação supra e assinatura dela ser tudo feito pelo próprio Cirurgião Mor Manuel da Costa Bacellar mencionado nela por ter [...] e firma bom

---

[41] BNRJ/Manuscritos. I-25, 31, 61.

conhecimento em fé do que me assinou em publico e claro. Sabará o primeiro de agosto de mil oito centos e três. Em testemunho de verdade [...] publico. Joaquim José da Silva Ribeiro.[42]

Não raro esse processo era herdado pela família dos professores após a sua morte, pois como os atrasos no pagamento dos ordenados podiam somar vários anos, alguns deles não conseguiam receber tudo em vida, e seus herdeiros acabavam por retomar a busca pelos valores devidos, usando o mesmo caminho, procurando recuperar os documentos comprobatórios que já estariam nas mãos da Real Fazenda, conseguindo outros que pudessem ajudar na obtenção dos benefícios. O processo relativo ao professor de Primeiras Letras de Sabará é elucidativo sobre essa situação. João Baptista Teixeira morreu em 1818 sem receber parte de seu ordenado, que foi cobrado por sua irmã por meio do encaminhamento de vários documentos, como os atestados de que sua aula estava aberta com um substituto pouco antes de sua morte, o atestado de óbito e de sepultamento, passado pelo vigário da Freguesia do Sumidouro, e as comprovações legais de que ela era sua herdeira legitima, podendo receber os ordenados atrasados, que afinal requereu à Junta da Real Fazenda:

> Diz D. Maria Thereza Eufrazia da Assumpção que como testamenteira, e herdeira administradora dos bens que ficaram do falecido seu irmão o Pe. João Baptista Teixeira Professor Régio que foi das primeiras letras na Vila de Sabará como tudo consta dos documentos juntos, quer cobrar o que a Real Fazenda de V. Majestade ficou devendo ao dito falecido de seus ordenados, e por isso requer a V. Majestade se sirva mandar lhe satisfazer. P. A V. Majestade seja servido mandar satisfazer à suplicante o que constar dever se lhe.[43]

Depois de passar procuração, assinada por ela mesma, ao Capitão-Mor José Bento Soares e aguardar pelos despachos favoráveis à sua demanda, D. Maria Thereza finalmente recebeu, em 1820, os ordenados atrasados de seu irmão.

---

[42] BNRJ/Manuscritos. I-26, 029, 109.

[43] BNRJ/Manuscritos. I- 27,04,007 n. 019.

Quando os procedimentos habituais resultavam na liberação dos pagamentos, ainda havia o problema do recebimento em si, pois a Junta da Real Fazenda situava-se em Vila Rica, e a maior parte dos professores vivia em localidades razoavelmente distantes. Podia haver também outros motivos, mas é fato que a maioria dos que viviam e trabalhavam em outras localidades acabavam nomeando procuradores para receberem seus ordenados na capital. Alguns eram nomeados de forma permanente, outros eram eventuais, supondo-se que podiam ser pessoas que viajavam ocasionalmente para Vila Rica e poderiam realizar a tarefa. Em alguns casos, os procuradores eram também professores que se enquadravam nesta última situação, pois indo receber os próprios ordenados acabavam por receber também os de seus colegas. Num desses casos encontrava-se o professor de Primeiras Letras de Vila Rica Antonio Leonardo da Fonseca, que nomeou seu colega, também de Vila Rica, Silvério Teixeira de Gouvêa, professor de Gramática Latina, como seu procurador durante o período em que esteve de licença. Em outro vemos o professor de Gramática Latina de Vila do Príncipe Theodoro Pereira de Queiroz, que passou procuração que acabou nas mãos de Gonçalo Antunes Claros, professor de Primeiras Letras da Vila de Paracatu.[44] Esse expediente era utilizado por praticamente todos os professores que viviam fora das proximidades de Vila Rica, e mesmo alguns que estavam em povoações não muito distantes preferiam nomear procuradores. A forma habitual dessas procurações indicava, por vezes, o período específico de sua validade ou se apresentavam elásticas o suficiente para permitir seu uso por longos períodos:

> Pela presente minha procuração bastante por mim feita, e assinada, constituo meus procuradores os senhores Capitão Joaquim José dos Santos, o Furriel Antonio Joaquim Cardoso, e o Ajudante João Rodrigues de Abreu, para que cada um de *per si*, e *in solidum* possam em meu nome, como se eu presente fosse, receber da Real Junta da Fazenda desta Capitania os meus ordenados que tiver vencido, e for vencendo, no exercício da Escola Regia que ocupo nesta

---

[44] Essas redes de sociabilidades e solidariedades mediadas pelas atividades profissionais somavam-se àquelas derivadas de outras situações e atividades que envolviam os professores régios e serão consideradas em outra parte deste livro.

Vila; assinando termos, e quitações aonde competir, para o que lhes concedo todos os meus poderes em direito necessários. Real Vila de Queluz 25 de fevereiro de 1795. Pe. José Crisostomo de Mendonça.[45]

As procurações eram instrumentos usados também pelos herdeiros e testamenteiros dos professores falecidos. Elas ficavam em poder da Junta ou das Câmaras, e sua devolução era muitas vezes requerida para serem reutilizadas quando, em outros momentos, professores ou seus herdeiros se viam obrigados a refazer o processo para os ordenados vencidos em outros períodos.

Os atestados emitidos pelas Câmaras tinham basicamente a mesma estrutura e parecem, à primeira vista, muito limitados quanto às informações que são capazes de fornecer. Analisados numa perspectiva que eu arriscaria chamar de "seriada", permitem vislumbrar pelo menos duas questões importantes: os períodos de atividade dos professores régios e a dimensão problemática do pagamento dos ordenados desses oficiais. No primeiro caso, porque trazem a indicação do período de atividade comprovado pelas autoridades locais, o que, num *corpus* documental mais amplo, permite construir a cronologia da atividade de um professor ao longo dos anos, incluindo aí diversas ocorrências, como licenças, ausências não autorizadas, problemas enfrentados em relação ao desempenho profissional ou conduta pessoal, desistências e falecimento. No segundo caso, porque a recorrência dos mesmos problemas só confirma o que as historiografias portuguesa e brasileira vêm afirmando há algum tempo acerca de uma das mais importantes questões da história das reformas pombalinas da educação, ou seja, os vícios de gerenciamento do ensino régio, no contexto das complexas relações administrativas e do sistema tributário da administração portuguesa na América.

Se as atestações, por um lado, confirmam a atividade dos professores, por outro, não permitem concluir o recebimento imediato dos ordenados referentes aos períodos atestados, o que precisa ser feito pelo

---

[45] BNRJ/Manuscritos. I–26, 01, 003 n. 005.

confronto com os registros dos pagamentos. A Real Fazenda cuidava da arrecadação dos inúmeros impostos existentes, da arrematação de contratos, da cobrança dos direitos de passagem e de entrada, dos dízimos e donativos e administrava as folhas civil, militar e eclesiástica, pelas quais se pagava o corpo de oficiais. Para esse órgão convergiam, assim, demandas vindas de diferentes segmentos, relacionadas a todo tipo de situação que pudessem envolver suas competências. Os documentos enviados pelos professores para comprovar suas atividades e garantir o recebimento dos seus ordenados acumulavam-se nas mãos dos oficiais da Fazenda e nem sempre eram tratados prioritariamente, o que contribuía para atrasar sistematicamente o processamento dos pagamentos. Houve casos, ainda, de perda dos documentos dentro do próprio órgão, o que acabava obrigando o professor a solicitar, à Câmara da qual dependia, a emissão de novos certificados e atestações, diante da recusa do tesoureiro responsável em autorizar o pagamento sem esses papeis.[46] Por tudo isso, os atestados permitem a reconstituição das trajetórias dos professores no tempo, mas não são indicativos de que a Real Fazenda estivesse em dia com eles.

Os atestados eram formulados fundamentalmente como o que comprovava o exercício do magistério do professor Francisco Furtado de Mendonça, de Minas Novas:

> O Juiz Ordinário Presidente, Vereadores e Procurador da Camara da Vila de Nossa Senhora do Bom Sucesso de Minas Novas o presente ano por eleição na forma da Lei.
>
> Atestamos aos Senhores, que a presente virem, que o Padre Francisco Furtado de Mendonça, Professor das Primeiras Letras por S. Majestade Fidelíssima tem exercido por si mesmo sem interrupção alguma as funções do seu Magistério em os Meses de Abril, Maio e Junho do ano de 1794 e tem sido exato em todas as suas obrigações desde a posse do seu emprego até o presente, o que tudo sendo necessário, atestamos com juramento. E por esta nos ser pedida a mandamos passar indo por nós assinada, e selada com o selo desta

---

[46] BNRJ/Manuscritos. MS-580 (77) D.115.

Camara em Conferencia de 16 de Junho de 1798. Eu Antonio Gonçalves Dias Escrivão da Camara a fiz e subscrevi.[47]

Embora nem todos os atestados cuidassem de discriminar, como esse, o período de exercício do professor, a maioria observava esse aspecto, pois era o que, de fato, importava para encaminhar o processo de pagamento dos ordenados e estava conforme o estabelecido na ordem de D. Maria I, de 1792, já analisada. O pagamento, como sabemos, era feito aos quartéis, ou seja, correspondente ao trimestre trabalhado. Além do período, a qualidade do trabalho do professor também podia vir indicada por sua continuidade e assiduidade e pelo cumprimento de suas obrigações, segundo o que era indicado nos textos das provisões recebidas pelos professores, que seguiam, basicamente, a forma presente na carta passada a Antônio Correia de Souza Melo:

> Dom José por graça de Deus, Rei de Portugal e dos Algarves, daquém e dalém mar, em África senhor da Guiné, e da conquista, navegação e comercio da Etiópia, Arábia, Pérsia, e da Índia. Faço saber aos que esta minha carta virem, que tendo consideração às letras, qualidades e merecimentos que concorrem na pessoa de Antonio Correia Souza Melo. Hei por bem fazer-lhe mercê do lugar de professor de gramática latina para São João Del Rey, vencendo de ordenado em cada um ano quatrocentos mil reis que cobrará da folha dos professores da comarca que pertencer. E servirá o sobredito lugar por tempo de três anos, e quando eu haja por bem que continue no mesmo exercício o fará por apostila gratuita nesta carta. E jurará perante o Bispo de Beja do meu conselho, Presidente da Real Mesa Censória de guardar em tudo o serviço de Deus e meu na observância das instruções determinadas para as escolas menores, e no mais concernente ao dito emprego; pelo que mando a todos os ministros, oficiais, e mais pessoas a que esta minha carta for apresentada ou conhecimento dela pertencer que deixem usar ao mesmo Antonio Correia Souza Melo plena e livremente do dito exercício de professor de gramática latina e gozar de todas as honras, privilégios, liberdades, isenções, que lhe são concedidas. E por firmeza de tudo lhe mandei dar a presente carta assinada pelo mesmo Bispo de Beja e passada pela

---

[47] BNRJ/Manuscritos. MS-580 (52) D.14.

minha Chancelaria Mor da Corte, e Reino, e selada com o selo pendente de minhas armas, a qual se cumprirá tão inteiramente como nela se contém. [...] Dada em Lisboa aos vinte dias do mês de Janeiro do ano do nascimento do Nosso Senhor Jesus Cristo de mil setecentos e setenta e quatro.[48]

As referidas instruções para as escolas menores são as que integravam o texto da lei de 6 de novembro de 1772 e que dispunham sobre as obrigações dos professores no exercício dos seus cargos, tanto na administração de suas aulas e na prestação de contas delas quanto nos aspectos metodológicos que deveriam observar.

Em outras situações, a Câmara destacava, na elaboração dos atestados, alguma condição excepcional, como a ocorrência de doenças ou as ausências temporárias dos professores, principalmente quando esses afastamentos não implicavam paralisação das aulas, como ocorreu com o professor de Primeiras Letras de Vila Rica Antonio Leonardo da Fonseca:

> Atestamos que o Pe. Antonio Leonardo da Fonseca, Mestre Régio das primeiras letras da Freguesia do Ouro Preto tem a sua escola aberta, e nela cumpre sem defeito as suas obrigações e sem interpelação de tempo Joaquim Ferreira de Azevedo, por licença que alcançou o dito Mestre dos Exmos. Senhores Bispo e General, cuja se acha registrada nesta Câmara; e por esta nos ser pedida a mandamos passar, e vai por nós assinada e selada com o selo das Armas Reais, que serve neste Senado. Vila Rica em Câmara de 29 de julho de 1809.[49]

Peças igualmente importantes eram os atestados emitidos pelas autoridades eclesiásticas, quase sempre os vigários das freguesias onde viviam e trabalhavam os professores. Esses documentos, além de indicarem, também, os períodos de atividade, atestavam a residência permanente do professor na localidade onde ensinava e serviam como confirmações de respeitabilidade sobre a pessoa do professor, pois não raro traziam observações sobre seu caráter e sua conduta:

> Gabriel da Costa Resende, vigário colado nesta freguesia do Inficionado, Termo da cidade de Mariana, atesto, que o P. José

---

[48] APM/Secretaria de Governo da Capitania/SC-190, fls. 95-95v.

[49] BNRJ/Manuscritos. I-27,14, 036.

> Teixeira Romão se acha atualmente no exercício de ensinar Gramática Portuguesa aos Meninos neste Arraial, e Freguesia de Nossa Senhora de Nazareth do Inficionado por sua própria pessoa sem intervalos de tempo, e tem residido com residência atual por si e não por outro desde o primeiro de julho de mil oitocentos e oito até o último de setembro do mesmo ano e fica [...] em a mesma residência. Pelo o referido na verdade, aqui afirmo *in verbo Parochi*. Freguesia do Inficionado aos 30 de dezembro de 1808. O vigário Gabriel da Costa Resende.[50]

Em casos como o desse último atestado é conveniente considerar algumas possíveis variáveis na elaboração dos documentos pelos vigários, sobretudo quando o professor era também um sacerdote, como é o caso do padre José Teixeira Romão, que viveu e ensinou no arraial do Inficionado por um período de mais de 20 anos. As redes de sociabilidade e de solidariedade entre esses indivíduos eram certamente elementos poderosos a exercer influência sobre o conceito que se elaborava sobre eles, e que deveriam ter uma utilidade prática como a que se examina aqui.

Em outros aspectos a organização do ensino régio apresentou tendências que se observam tanto para o Reino quanto para a América. O aumento sensível do provimento de substitutos em relação à concessão de cartas de propriedade foi detectado por Áurea Adão, para Portugal, a partir do final da década de 1770. A autora computou, para o período de 1774 a 1795, três vezes mais professores substitutos do que proprietários. Muitos estudos em relação ao Brasil apontam superficialmente essa tendência, mas sem um levantamento mais detalhado a partir dos dados disponíveis na documentação, mesmo quando apresentam listas nominais de professores régios.

Os dados com os quais trabalho neste estudo são suficientes para a constatação de que também na Capitania de Minas Gerais a Coroa Portuguesa proveu um número sensivelmente superior de professores como substitutos, e para poucos foram encontradas as cartas de propriedade. Entre os 27 professores de Gramática Latina selecionados

---

[50] BNRJ/Manuscritos. I-27, 10, 001.

por sua regularidade no exercício do magistério, 11 tinham recebido provisão como substitutos, oito foram providos sem essa distinção, e foram localizadas cartas de mercê para apenas três deles. Para os cinco professores restantes não foram encontradas evidências seguras sobre o tipo de provisão recebida. Assim, entre os 22 professores para os quais as evidências são claras, a metade era constituída de substitutos. No grupo de 39 professores régios de Primeiras Letras, 28 receberam provisão como substitutos e apenas oito foram providos sem essa distinção. Para três deles não foram encontrados dados seguros, e não foi localizada nenhuma carta de propriedade para todo esse grupo.[51] Assim, temos 72% de substitutos entre os professores de Primeiras Letras. No conjunto, a relação fica assim delineada:

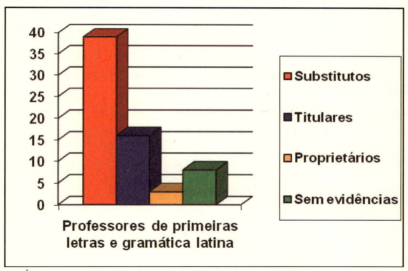

GRÁFICO 1 – Professores de Primeiras Letras e Gramática Latina.

Ao contrário do que verificou Áurea Adão para Portugal, não se observa, para a Capitania de Minas Gerais, distinções evidentes entre "mestres", "substitutos" e "substitutos interinos",[52] em relação ao tempo

---

[51] Ver tabelas 3 e 4.
[52] Cf. ADÃO (1997, cap. VI). A autora ainda distingue a categoria dos "mestres religiosos das escolas conventuais", que não existiriam de qualquer maneira nas Minas, pela ausência aí das ordens religiosas e suas casas.

de nomeação de cada uma dessas categorias. O tempo de nomeação, ou duração das provisões, era variável para todas as categorias, e não me parece possível organizá-las em função desse critério. Tanto aqueles que seriam denominados "mestres" – que eu estou chamando de "titulares" – quanto os "substitutos" recebiam provisões que variavam de um a seis anos, ou simplesmente sem limitação de tempo. Quanto aos "substitutos interinos", só localizei um caso, do padre Francisco José de Sampaio, que recebera, em 1789, uma provisão interina para substituir o falecido professor de Gramática Latina da Vila de Pitangui.[53]

A questão da estabilidade no emprego, maior ou menor conforme a categoria, parece-me também relativa, pois todos precisavam renovar suas provisões, e muitos dos que nunca chegaram a obter cartas de propriedade ou que receberam provisões titulares permaneceram como professores régios substitutos por longos períodos, conforme já mencionei.

Embora pudesse haver, formalmente, diferenças de *status* entre essas categorias de professores régios, isso poderia não ter efeitos muito evidentes na prática, podendo na verdade resultar da associação com outros elementos presentes nas trajetórias desses professores, e passíveis de valorização na sociedade mineira colonial.

---

[53] APM/CC-1290, fls. 42v-44.

—— CAPÍTULO II ——

Professores régios na Capitania de Minas Gerais

O estudo dos impactos da implantação das aulas régias na Capitania de Minas Gerais vai além da análise de sua abrangência geográfica e quantitativa em termos do número de aulas, de professores e de sua localização pelo território, considerando as variáveis no processo de sua criação e instalação. Igualmente importante no esforço de compreensão dos significados desse processo, para a vida da Capitania entre as décadas finais do século XVIII e as primeiras do século XIX, é a observância da vida e da trajetória dos sujeitos para quem o magistério tornou-se parte de suas identidades. Por isso o ajuste do olhar sobre os professores, seu envolvimento nas atividades de ensino como "funcionários" públicos e sua integração em redes de sociabilidades que os colocavam em contato com outras instâncias da vida social, nas quais, de alguma maneira, a educação na dimensão do ensino régio aparecia como instância de mediação. Neste momento faz sentido, portanto, acompanhar a trajetória de alguns desses indivíduos, privilegiando aqueles que tiveram uma atuação mais destacada, visível de maneira mais forte na documentação disponível e que nos permite recolher indícios de sua vida e de seu trabalho.

Lançando mão, mais uma vez, dos dados que me permitiram construir alguns instrumentos para a análise, vejamos quem eram esses professores, onde viveram e trabalharam e quanto tempo dedicaram ao magistério das aulas régias. Sem considerar os períodos de vacância comprovada das cadeiras, as Tabs. 3 e 4 mostram a distribuição dos professores régios de Primeiras Letras e de Gramática Latina pela Capitania e seus períodos de atuação, tendo sido considerados, como já mencionei, aqueles com exercício mais seguramente comprovado e duradouro. Os períodos incluem os momentos de licença, de espera pela renovação de provisões e ainda alguns anos para os quais os registros ainda não foram localizados. Considerou-se, portanto, do mais antigo ao mais recente ano de exercício pelo professor. Estão também incluídos os professores que receberam cartas de propriedade e provisões como "titulares" ou substitutos. Aqueles que faleceram no período estão indicados pelo sinal †, e informados seus substitutos imediatos.

TABELA 3
Professores régios de Gramática Latina (1772-1814)

Nome	Naturalidade	Local de atuação	Situação	Período de atuação
Manuel Caetano de Souza		Guarapiranga		1784-1786 (†)
José Procópio Monteiro[54]		Guarapiranga	Substituto com provisão	1792-1797 (†)
Felipe Neri de Castro		Guarapiranga		1807-1814
Paschoal Bernardino de Mattos (Padre)		Mariana		1787-1795
Gonçalo da Silva Lima		Mariana	Substituto com provisão	1789-1801
Francisco Xavier da França (Padre)		Mariana	"Titular" com provisão	1800-1814
José Elói do Prado Otoni	Vila do Príncipe	Minas Novas	Substituto com provisão	1789-1798

(†) Falecimento registrado na Junta da Real Fazenda

---

[54] Foi substituído por Felipe de Neri Castro, que tomou posse em 1807.

TABELA 3
Professores régios de Gramática Latina (1772-1814) (*continuação*)

Nome	Naturalidade	Local de atuação	Situação	Período de atuação
Francisco Manoel da Silva (Padre)		Minas Novas	"Titular" com provisão	1802-1814
Francisco Moreira Rebordões (Padre)		Paracatu	Substituto com provisão	1789-1796 (†)
João Gaspar Esteves Rodrigues (Padre)		Paracatu	"Titular" com provisão	1801-1814
Luís Álvares dos Santos Bueno (Padre)		Pitangui	"Titular" com provisão	1783-1814
Francisco José de Sampaio (Padre)	São Paulo	Pitangui	Substituto com provisão	1789-1814
Joaquim Anastácio Marinho Silva (Padre)	Santa Bárbara	Pitangui	"Titular" com provisão	1790-1801
João Pedro Ferreira Tavares de Gouvêa (Padre)		Sabará	Proprietário com carta	1781-1789 (†)
José Caetano da Costa (Padre)		Sabará	Substituto com provisão	1789-1814
Marçal da Cunha Matos (Padre)	Vila Rica	São João del-Rei	Proprietário com carta	1777-1802
Manoel da Paixão e Paiva (Padre)	São João del-Rei	São João del-Rei	Substituto com provisão	1805-1814
Manoel Rodrigues Dantas (Padre)		São José do Rio das Mortes	Substituto com provisão	1783-1785 (†)
João Varela da Fonseca Cunha (Padre)[55]		São João del-Rei	"Titular" com provisão	1788-1801

(†) Falecimento registrado na Junta da Real Fazenda

---

[55] Foi substituído por Francisco de Paula Barreto entre 1792 e 1795, deixando definitivamente a cadeira em 1801.

TABELA 3
Professores régios de Gramática Latina (1772-1814) (*continuação*)

Nome	Naturalidade	Local de atuação	Situação	Período de atuação
Joaquim da Cunha Osorio (Padre)		Sumidouro		1786-1791
Manoel da Costa Viana (Padre)		Tejuco	"Titular" com provisão	1797-1803
Teodoro Pereira de Queirós (Padre)		Vila do Príncipe	Substituto com provisão	1784-1809
Antônio Gonçalves Gomide	Guarapiranga	Vila Nova da Rainha do Caeté	Substituto com provisão	1792-1801
Antônio da Costa e Oliveira (Padre)		Vila Rica		1773-1788
Antônio Corrêa de Souza Melo (Padre)	Vila Rica	Vila Rica	Proprietário com carta	1774-1786
Silvério Teixeira de Gouvêa (Padre)	Guarapiranga	Vila Rica	"Titular" com provisão	1788-1814
Francisco José da Silva		Vila Rica	Substituto com provisão	1792-1796

TABELA 4
Professores régios de Primeiras Letras (1772-1814)

Nome	Naturalidade	Local de atuação	Situação	Período de atuação
Manoel Dias Lima		Catas Altas	Substituto com provisão	1788-1809
Manoel Francisco da Silva (Padre)		Conceição do Mato Dentro	Substituto com provisão	1787-1803
José Antônio Freire Barata (Padre)		Congonhas do Campo	Substituto com provisão	1787-1814

TABELA 4
Professores régios de Primeiras Letras (1772-1814) (*continuação*)

Nome	Naturalidade	Local de atuação	Situação	Período de atuação
Marcelo da Silveira Lobato		Curral del-Rei	Substituto com provisão	1788-1814
Antônio Ferreira Souza		Furquim	Substituto com provisão	1789-1801
Manoel Ribeiro Oliveira (Padre)		Gouvêa	"Titular" com provisão	1794-1802
Francisco Luís de Souza (Padre)		Guarapiranga	Substituto com provisão	1787-1806
José Teixeira Romão (Padre)	Mariana	Inficionado	Substituto com provisão	1788-1814
Felisberto José Machado (Padre)		Itaverava	Substituto com provisão	1787-1805
Luís Joaquim Varela da França[56]		Mariana	Substituto com provisão	1788-1801
Caetano Gomes de Santa Rita (Padre)		Mariana		1800-1809
Antônio Manoel de Mendonça Cabral		Minas Novas	Substituto com provisão	1794-1801
Francisco Furtado de Mendonça (Padre)		Minas Novas	Substituto com provisão	1790-1802
Bernardo Álvares de Oliveira		Minas Novas		1800-1806
Gonçalo Antunes Claros		Paracatu	Substituto com provisão	1791-1814
João Pedro de Almeida (Padre)		Peçanha	Substituto com provisão	1781-1801 (†)
José Rodrigues Domingues		Pitangui	Substituto com provisão	1787-1814

(†) Falecimento registrado na Junta da Real Fazenda

---

[56] Segundo CARDOSO (2002), esse professor transferiu-se para o Rio de Janeiro em 1803, tendo deixado a cadeira em 1801. Seu substituto foi o padre Caetano Gomes de Santa Rita.

TABELA 4
Professores régios de Primeiras Letras (1772-1814) (*continuação*)

Nome	Naturalidade	Local de atuação	Situação	Período de atuação
José Crisóstomo de Mendonça (Padre)[57]	Cachoeira do Campo	Queluz	Substituto com provisão	1794-1803 (†)
Luís Antônio da Silva		Rio Verde	Substituto com provisão	1788-1800
José Gomes de Oliveira		Rio Vermelho	Substituto com provisão	1788-1800
Antônio Gomes de Carvalho (Padre)[58]		Sabará	Substituto com provisão	1789-1791 (†)
Francisco de Paula Ferreira		Sabará	Substituto com provisão	1794-1805
João Baptista Teixeira (Padre)		Sabará	"Titular" com provisão	1800-1814
Joaquim José Pereira (Padre)		Santa Bárbara	Substituto com provisão	1787-1814
Francisco de Mello Barroso		Santa Luzia	Substituto com provisão	1792-1798
Manoel Moreira Prudente (Padre)		Santana das Lavras do Funil	"Titular" com provisão	1791-1801
Dionísio Francisco França (Padre)	Curral del Rei	São Bento do Tamanduá	Substituto com provisão	1795-1810
José Pedro da Costa Baptista	Porto	São João del-Rei	Substituto com provisão	1790-1814
Manoel Ferreira Velho		São José da Barra Longa	"Titular" com provisão	1789-1814
Francisco Xavier da Cunha (Padre)		São José do Rio das Mortes	Substituto com provisão	1789-1801 (†)

(†) Falecimento registrado na Junta da Real Fazenda

---

[57] Foi substituído por Agostinho José Ferreira Bretas, que tomou posse em 1809.

[58] Foi substituído por Francisco de Paula Pereira, que tomou posse em 1793.

TABELA 4
Professores régios de Primeiras Letras (1772-1814) (*continuação*)

Nome	Naturalidade	Local de atuação	Situação	Período de atuação
Francisco Veloso Carmo		São José do Rio das Mortes		1800-1814
Antônio José de Lima e Costa (Padre)		São Miguel do Piracicaba	Substituto com provisão	1789-1814
Manoel da Silva de Santanna (Padre)		Sumidouro	Substituto com provisão	1787-1793 (†)
Antônio Manoel de Mendonça (Padre)		Tejuco	Substituto com provisão	1790-1799 (†)
Antônio de Almeida Saraiva[59]		Vila do Príncipe	"Titular" com provisão	1793-1798
Antônio Gomes Chaves		Vila do Príncipe	"Titular" com provisão	1800-1814
Manoel Pinto Ferreira (Padre)		Vila Nova da Rainha do Caeté	"Titular" com provisão	1800-1814
Antônio Leonardo da Fonseca (Padre)	Guarapiranga	Vila Rica	Substituto com provisão	1788-1814
Joaquim José Benavides		Vila Rica	"Titular" com provisão	1801-1814

(†) Falecimento registrado na Junta da Real Fazenda

Conforme já havia observado no primeiro capítulo deste livro, alguns desses professores permaneceram por longos períodos em atividade, havendo documentação que permite reconstituir uma parte considerável da cronologia de suas trajetórias profissionais, ao menos na dimensão de suas relações com o Estado, como oficiais que foram. Para alguns, ainda, é possível ir além, adentrando parte de suas experiências

---

[59] Desistiu da cadeira em 1797.

de vida, procurando pelos significados possíveis para o fato de terem sido professores régios na Capitania de Minas Gerais. Esses são os aspectos a serem privilegiados nesta parte, e acabei por decidir manter a análise concentrada nestes dois grupos de professores, de Primeiras Letras e de Gramática Latina, na tentativa de perceber alguma identidade, uma vez que eles se distinguiam pela disciplina que ensinavam, pelo tipo de formação que eventualmente tiveram, e que permitiram que fossem professores de uma ou de outra, e pelo *status* de suas cadeiras, distintas também pelos valores dos respectivos ordenados.

Ingresso e permanência no magistério régio

A criação das primeiras regras para o ingresso no magistério régio, com a reforma iniciada em 1759, foi acompanhada do estabelecimento de algumas vantagens que pudessem atrair candidatos ao ofício. A mais comentada pela historiografia foi a determinação de que os professores gozariam dos privilégios dos nobres, na categoria da "nobreza civil ou política", obtida pela concessão do Rei, em geral pela prestação de serviços à Coroa.

Foi expressiva a busca pelas mercês régias no Brasil durante o período colonial, nos seus mais diversos graus. Se para muitos o enriquecimento e a posse de escravos já constituíam formas de distinção, para outros a obtenção de mercês era parte de um processo de inserção social diferenciada e acompanhada de privilégios que não significavam, necessariamente, a ascensão à condição de nobres.

Na categoria da nobreza civil incluíam-se aquelas provenientes das dignidades eclesiásticas, dos postos de milícia, dos empregos da Casa Real, dos ofícios da república, das ciências e dos graus acadêmicos, da agricultura, do comércio e da navegação; essas últimas principalmente depois da legislação pombalina.[60] Os professores régios de Gramática Latina, Grego, Retórica, Filosofia e Desenho também foram

---

[60] Sobre a nobreza em Portugal e no Brasil, e a constituição das elites coloniais, ver: OLIVEIRA (1806); SILVA (2005); MONTEIRO, CARDIM e CUNHA (2005); BICALHO e FERLINI (2005); SOUZA, FURTADO e BICALHO (2009); SOUZA (2006).

beneficiados com os privilégios da nobreza por essa legislação, mas enquadravam-se no grupo dos que, embora os tivessem obtido, não adquiriam nobreza por eles, pois o benefício só valeria enquanto ocupassem suas funções ou seus cargos. Segundo o tratadista Luiz da Silva Pereira Oliveira (1806, p. 170-171), ao receberem os privilégios, essas pessoas deveriam, contudo, "viver nobremente em abstinência total de exercícios plebeos, se quizerem gozar dos privilégios da Nobreza".

Entre os privilégios estavam a ocupação de certas posições nas festividades públicas civis e religiosas, a isenção de tributos, a concessão de facilidades no trato com a justiça, o direito de não ser preso sem clara prova de delito e o abrandamento de penas (OLIVEIRA, 1806, cap. XIII). Todas eram vantagens nada desprezíveis e certamente pesavam como elementos de atração para o ingresso no magistério régio. Os professores de Primeiras Letras que não tivessem graus acadêmicos não constavam entre os recebedores daqueles privilégios, estando elencados entre os que exerciam ofícios "que não dão, nem tirão Nobreza" (cap. XVIII), as atividades neutras. Mas isso significava que poderiam obter mercês por serviços prestados nessas funções civis ou por meio da obtenção de patentes militares. Mesmo não sendo um ofício muito valorizado por sua remuneração, o magistério régio era mencionado como algo positivo em si, no momento das solicitações de naturezas diversas, lembrado como importante serviço prestado à monarquia.

Quanto à remuneração, mesmo que não fosse vultosa e que fosse cercada de problemas para o seu recebimento, poderia ser essencial para o sustento de muitos indivíduos. Os valores pagos aos professores de Primeiras Letras não eram, de fato, compensadores, sendo sensivelmente inferiores à maioria dos vencimentos dos demais ofícios públicos. Os escrivães ligados à justiça ou à fazenda recebiam, no mínimo, 300 mil réis anuais, o dobro do ordenado dos professores de ler, escrever e contar. Já os valores pagos aos professores de Gramática Latina – 400 mil réis – pareciam mais atraentes, nivelados à remuneração de alguns ofícios como de escriturário-contador da Junta da Real Fazenda, dos juízes de fora ou dos ajudantes dos ensaiadores das intendências do ouro (ROCHA, 1995). Infere-se, assim, sobre a necessidade de muitos dos professores serem levados a desenvolver atividades paralelas como forma de complementar suas rendas e a procurar outras compensações usando sua atuação como professores como moeda para a obtenção de benesses.

Uma vez motivados, por qualquer razão que fosse, os candidatos iniciavam, então, o processo de ingresso no magistério régio, submetendo-se aos concursos, conforme prescrito pela legislação.

Os procedimentos para a realização dos exames de admissão ao magistério foram definidos em linhas gerais desde o Alvará de 28 de junho de 1759, e também pela Lei de 6 de novembro de 1772. Seguindo os princípios constantes nestes documentos, os exames deveriam verificar as habilidades fundamentais dos candidatos conforme as cadeiras que pleiteassem, e as indicações do que deveriam ensinar orientavam a organização dos conteúdos dos exames. A Lei de 1772 determinava que os mestres de Primeiras Letras fossem obrigados a ensinar

> [...] não somente a boa forma dos caracteres; mas também as Regras gerais da Ortografia Portuguesa; e o que necessário for da Sintaxe dela; para que os seus respectivos Discípulos possam escrever correta, e ordenadamente: Ensinando-lhes pelo menos as quatro espécies de Aritmética simples; o Catecismo, e Regras da Civilidade em um breve Compendio: Porque sendo tão indispensáveis para a felicidade dos Estados, e dos Indivíduos deles, são muito fáceis de instilar nos primeiros anos aos Meninos tenros, dóceis, e suscetíveis das boas impressões daqueles Mestres, que dignamente se aplicam a instruí-los.[61]

A observação formal dessas orientações era muitas vezes explicitada nos procedimentos para a realização do exame para a cadeira de Primeiras Letras, como consta das instruções presentes no conjunto de documentos que integrou o processo de provimento do professor Gonçalo Antunes Claros, do Arraial de Paracatu,[62] em 1791:

---

[61] BNL/Coleção Pombalina. *Lei, por que Vossa Majestade é servido ocorrer aos funestos estragos das Escolas Menores; fundando-as de novo; e multiplicando-as nos seus Reinos, e todos seus Domínios. 6 de Novembro de 1772.*

[62] Paracatu só foi elevada a Vila em 1798.

Do termo [do exame] constará o nome, idade, Pátria, estado, domicilio e ocupação atual do pertendente. O examinado escreverá alguma cousa, que se lhe ditar, fará uma conta de repartir o que tudo remetido à mesa e responderá sobre o Catecismo e Gramática Portuguesa. [...] O Ministro informará também sobre o procedimento e vida do examinado.[63]

As exigências para as cadeiras de Gramática Latina eram mais complexas, e, ao menos formalmente, desejava-se um professor com conhecimentos razoáveis em Latim. As instruções aos professores de Gramática Latina, que se seguiram ao Alvará de 28 de junho 1759, indicavam essa maior complexidade do trabalho pedagógico a ser realizado. Deveriam eles dar noções de gramática portuguesa para que os estudantes percebessem mais facilmente os princípios do latim, ensinando-lhes a "distinguir os nomes, os verbos, e as partículas porque se podem dar a conhecer os casos" (*apud* CARDOSO, 2002, p. 300-301). Os professores deveriam fazer com que os alunos adquirissem "boa copia de termos, e frases da língua", e alcançassem "o modo de se servir dela" (p. 302). Deviam também "ter grande cuidado em costumar os discípulos a ir clara e distintamente e com tom natural advertindo-lhes, ainda na prosa, a quantidade de cada silaba; no que, pela maior parte, há descuido; e além disto dar-lhes as melhores regras da Ortografia" (p. 302). Os professores de Gramática Latina deveriam também ensinar os alunos a fazerem tradução em prosa e depois em poesia, para finalmente aprenderem o suficiente para comporem em latim, havendo ainda a possibilidade de praticarem o falar nas classes.

Essas exigências podem ser vislumbradas nos itens definidos para a qualificação de um candidato em exame de Gramática Latina, no início do século XIX:

Qualificações do Exame de Grammatica Latina

De *para colocar o nome do candidato*

I. Na Historia Critica da Língua Latina

II. No Méthodo pratica de ensinar

os Principios da Grammatica Geral

---

[63] APM/CC-1290-041-E3. Fls.44b-46b.

os Rudimentos da Grammatica Latina

a Construcção dos Autores

III. Na Tradução vocal

de Cesar

de Tito Livio

IV. Na Regencia, e Analyse Grammatical

V. Nas Regras, e praxe da Hermeneutica Grammatical

VI. Na Traducção vocal

de Virgilio

de Horacio

VII. Nas Regras da Prosodia Latina

VIII. Nas noções das principais especies de Verbos Latinos

IX. Na Erudição Mythologica

X. Na Traducção por escrito

de Latim para Portuguez

de Portuguez para Latim[64]

A preocupação com o ensino prévio de gramática portuguesa nas aulas de latim continuou presente pelas décadas seguintes, expressando uma das dimensões da política pombalina no sentido de expansão e consolidação da língua portuguesa para além das necessidades pedagógicas de aprimoramento do ensino do latim (VILLALTA, 1997; TROUCHE, 2001). Essa orientação, que já aparecia nas instruções do Alvará de 1759, foi reforçada em outro Alvará, de 1770, que ordenou que os mestres de língua latina instruíssem previamente os seus discípulos

> [...] por tempo de seis meses, se tantos forem necessários para a instrução dos Alunos, na Gramática Portuguesa, composta por Antonio José dos Reis Lobato, e por Mim aprovada para o uso das ditas Classes, pelo método, clareza, e boa ordem, com que é feita.[65]

---

[64] ANTT/Ministério do Reino. Lv 1100. *Livro de Registro de Despachos da Real Junta da Directoria Geral dos Estudos do Reino e seus senhorios a petições varias. 1800-1805.* Não há indicações específicas sobre o candidato que seria examinado, mas este documento encontra-se junto a vários outros despachos relativos a pedidos de exames de candidatos da América portuguesa.

[65] BNL/Coleção Pombalina. *Alvará ordenando que nas classes de latinidade os mestres sejam obrigados a intrui-los previamente na gramatica portuguesa. 30 de setembro de 1770.*

A natureza da disciplina a ser ministrada na cadeira de Gramática Latina poderia fazer com que os candidatos tivessem alguma formação diferenciada em relação à maior parte dos professores de Primeiras Letras, por terem estudado na Universidade de Coimbra ou em seminários, mesmo quando não haviam sido ordenados sacerdotes. Neste caso, porém, a existência de número expressivo de padres no ensino do latim é constatada nos registros encontrados na documentação. Em alguns casos, a formação universitária foi completada ou realizada depois da experiência como professores régios, e muitos combinavam essa atividade com outras, como as carreiras militares ou a atuação na vida político-administrativa.

A avaliação dos candidatos às cadeiras de Gramática Latina variava conforme seu desempenho em cada uma das etapas do exame, e muitos eram aprovados mesmo quando não atingiam excelência em todos os quesitos, como indicam os pareceres finais dos exames de alguns dos professores régios que viriam a atuar na Capitania de Minas Gerais:

> O Pe. Antonio Correia de Souza, natural de Vila Rica, morador em casa do Conde Valadares, da idade de 28 anos, sendo examinado aos 9 de Julho de 1773 perante o Exmo. e Revmo. Sr. Bispo de Beja teve os votos seguintes: *Respondeu bem na Gramática e nas versões é suficiente*. Antonio Felix Mendes. Sou do mesmo parecer. Roberto Nunes da Costa.

> O Pe. Marçal da Cunha e Mattos, natural de Vila Rica de 28 anos de idade sendo examinado de Gramática Latina aos onze de Agosto de 1773 perante o Exmo. e Revmo. Sr. Bispo de Beja teve os votos seguintes: Julgo-o digno de ser admitido no Magistério. José Antonio da Matta. *Na Gramática e tradução julgo-o muito bom, na Latinidade suficiente*. Roberto Nunes da Costa.

> José Eloi do Prado Ottoni natural do Serro do Frio, Capitania de Minas Gerais de idade de 24 anos, solteiro, sendo examinado de Gramática Latina aos 23 de Julho de 1788 perante o Deputado Fr. Luiz de Santa Clara Povoa teve o Assento seguinte: *Otimo*. Roberto Nunes da Costa. Joaquim José da Costa e Sá.

> Joaquim José Pereira Presbítero secular, natural de Vila Rica Bispado de Mariana de idade de 26 anos, sendo examinado de

Gramática Latina aos 26 de Agosto de 1786 perante o Deputado Fr. Luiz de Santa Clara Povoa, e pelos Professores José Antonio da Matta e Joaquim José da Costa e Sá teve os votos seguintes: *Aprovado com Louvor*.[66]

Nessa amostra, o aparecimento de três padres entre os quatro escolhidos não é ocasional. A quantidade de padres entre os professores régios, tanto de Primeiras Letras quanto de Gramática Latina, é um dado que não pode ser ignorado. Entre os 81 professores das duas cadeiras identificados na documentação, 46 eram confirmadamente padres, o que significa 56,8% do total. Separadamente, a proporção era de 71,9% de padres como professores de Gramática Latina e 46,9% como professores de Primeiras Letras.

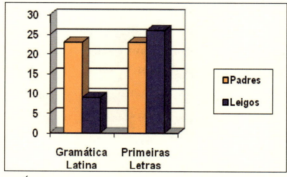

GRÁFICO 2

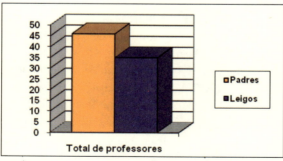

GRÁFICO 3

---

[66] ANTT/ Real Mesa Censória. Livro 23 – *Registro de Exames de Gramática Latina feitos nesta Secretaria da Real Mesa da Comissão Geral sobre o Exame e Censura dos Livros (1773-1791)*. Grifos meus.

Nessa época não havia ainda escolas normais ou cursos específicos para a formação de professores, nem mesmo em Portugal,[67] e os eclesiásticos seriam um grupo mais bem provido de instrumentos e competências tanto para o ensino de Gramática Latina quanto para o das Primeiras Letras, mesmo considerando-se os problemas então presentes na formação do clero. De toda forma, alguns elementos podem ser considerados para explicar essa expressiva presença de padres no magistério régio na Capitania de Minas Gerais, situação, aliás, observada em várias outras partes da América portuguesa e mesmo do Reino. Um desses elementos seria a maior familiaridade dos membros do clero com a cultura escrita, assim como seu conhecimento das línguas portuguesa e latina – mesmo que limitado –, o que os colocava em posição de vantagem no momento do ingresso no magistério régio. A presença do clero secular na maior parte da Capitania permitiria a combinação das funções sacerdotais com o magistério e facilitaria a existência de aulas régias em localidades que poderiam, em tese, ser pouco atrativas para outros professores. Considere-se, também, o fato de que muitos desses padres procuravam a carreira nas aulas régias como meio de complementar suas parcas rendas provenientes das côngruas pagas pelo Estado, ou mesmo por não terem acesso a elas.

Creio que essa seja uma questão particularmente importante, se nos lembrarmos da longa querela, envolvendo o clero e o Estado no período colonial, relacionada aos rendimentos dos sacerdotes. Esse tema já foi bastante abordado na historiografia brasileira e aponta para um quadro que pode ajudar a entender o interesse dos padres pelo ensino régio. O sistema de pagamento das côngruas estava limitado aos bispos, cabidos, ministros diocesanos e párocos das freguesias coladas (BOSCHI, 1986, p. 71).[68] Mas a expansão das igrejas pela Capitania de Minas Gerais se fez mediante limites impostos pela Coroa portuguesa, que procurava

---

[67] Áurea Adão (1997, p. 317) menciona o funcionamento de uma Academia Ortográfica Portuguesa, do professor de Gramática Latina João Pinheiro Freire da Cunha, que teria cuidado da formação de professores entre 1772 e 1775.

[68] O rendimento mais baixo, referente aos párocos, era de 200 mil réis anuais na segunda metade do século XVIII, o que era pouco maior do que era pago aos professores régios de Primeiras Letras, 150 mil réis anuais.

inibir a criação de paróquias coladas, justamente como forma de não aumentar o dispêndio dos dízimos com o pagamento das côngruas (BOSCHI, 1986, p. 72; NEVES, 1994, p. 171-174; CARRATO, 1968, cáp. II). Por isso mesmo, havia maior número de igrejas não coladas, o que implicava a existência de um maior número de clérigos sem direito àqueles rendimentos. Segundo Neves (1994), eles procuravam compensar essa desvantagem buscando posições secundárias que pudessem servir de ponte para o ingresso em cargos eclesiásticos mais vantajosos e beneficiados pelas côngruas. Enquanto isso não ocorria, muitos tentavam "aumentar seus rendimentos com atividades paralelas, dentre as quais se destacava a de professor" (NEVES, 1994, p. 174), tanto particular quanto régio. As qualificações desses padres professores eram muito variáveis, havendo desde aqueles com formação completa em seminários e que eventualmente tinham também ensinado nessas instituições, até aqueles que tiveram uma formação seminarista incompleta ou realizada em condições desfavoráveis, do modo que ocorrera em momentos de crise vividos por alguns seminários no período colonial, como foi o caso de Mariana. Para as cadeiras de Primeiras Letras, além da qualificação necessária – e que não era de fato muito exigente –, ainda havia o fato de que esses professores também se encarregavam, junto com o ensino do ler, do escrever e do contar, da doutrina cristã e do catecismo. Quem melhor que os sacerdotes para dar conta dessa incumbência?

Entre os professores leigos, nem sempre é possível detectar claramente a existência de outra atividade, profissão ou diferentes formas de inserção na sociedade. Os casos encontrados referem-se a indivíduos que possuíam patentes militares, como os professores de Primeiras Letras Antonio Xavier de Abreu e Mota, Alferes em Paracatu; Gonçalo Antunes Claros, Tenente, também em Paracatu; e Antonio Gomes Chaves, Tenente, em Vila do Príncipe. Outros desenvolveram também atividades em cargos públicos, como o professor de Primeiras Letras do Arraial do Curral del Rei Marcelo da Silveira Lobato, que foi vereador na Câmara da Vila de Sabará, e o professor de Gramática Latina de Vila Nova da Rainha do Caeté Antonio Gonçalves Gomide, que chegou a senador do Império do Brasil. Tratarei de alguns desses casos mais adiante.

Inclino-me a concordar com Áurea Adão ao pensar que boa parte desses professores de Primeiras Letras, principalmente os não eclesiásticos, eram pessoas que haviam aprendido a ler e escrever, e algumas noções de latim, com mestres particulares, parentes ou mesmo pela frequência a aulas num seminário. Tal conhecimento seria suficiente para aprová-los em exame e, uma vez professores régios, ensinavam conforme tinham aprendido.[69]

A formação de uns professores por outros também foi detectada, embora em poucos casos, como o do padre Manoel da Paixão e Paiva que, em 1800 iniciou suas atividades substituindo o também padre Marçal da Cunha Mattos, de quem havia sido discípulo. Ao solicitar sua nomeação como proprietário da cadeira de Gramática Latina da Vila de São João del-Rei, depois de alguns anos como substituto, Manoel da Paixão e Paiva apresentou depoimentos que alegavam a seu favor, entre outras qualidades, justamente o fato de ter sido formado por seu antecessor, mestre respeitado na Vila.[70]

As condições de ingresso no magistério régio parecem ter apresentado mais problemas decorrentes do seu gerenciamento do que das regras impostas pela legislação. As determinações legais consideravam a diversidade de situações presentes nas diferentes partes do Império Português, e a Coroa procurou, de alguma maneira, prever o funcionamento geral do sistema de admissão, indicando as responsabilidades locais pela condução dos processos de exames dos professores. Em casos pontuais, a solução era dada conforme a situação, como mostrei em relação ao professor Antonio Maciel de Araújo e suas dificuldades para ser examinado.[71]

Embora esteja de acordo com outros pesquisadores quando apontam os fatores de desestímulo ao ingresso no magistério régio – opinião também de alguns contemporâneos das reformas pombalinas da educação –, creio ser conveniente examinar a questão de forma relativizada. Proporcionalmente ao número de outros tipos de oficiais que trabalhavam para a justiça ou para a fazenda, por exemplo, os professores

---

[69] A formação de professores, no sentido de sua profissionalização, foi empreendida no Brasil ao longo do século XIX, superando-se gradativamente essa formação improvisada, dominante durante o período colonial (VILLELA, 2005).

[70] Ver, sobre esse caso: FONSECA (2007).

[71] Ver páginas 45.

régios estavam em minoria, mesmo quando seus salários eram eventualmente superiores aos daqueles. Mas isso poderia ser explicado por alguns argumentos, como os limites impostos pelo número de cadeiras disponíveis ou as oportunidades que advinham da ocupação de lugares em órgãos onde os oficiais auferiam rendimentos adicionais em suas funções, como o recebimento de propinas.

De toda forma, as evidências levam a concluir que mesmo não sendo exorbitantes, havia compensações suficientes para que muitos indivíduos não só ingressassem, como também permanecessem como professores régios durante períodos significativos de suas vidas, e que essa atividade fosse reconhecidamente uma das maneiras possíveis de melhorar a posição na sociedade mineira colonial.

Fragmentos biográficos

O interesse pelas relações entre as atividades dos professores régios e suas formas de inserção e de construção de redes de relações na sociedade mineira colonial leva, num primeiro momento, à reconstituição de partes de suas trajetórias de vida, nas quais sua posição profissional possa ter funcionado como instância de mediação, entre eles, o Estado, a Igreja e outros grupos e indivíduos. Já vimos noutra parte deste livro algumas das dimensões das substanciais relações dos professores régios com o Estado, mediadas pelas situações que envolviam seu ingresso no serviço e as condições de sua permanência nele. Acompanhar os fragmentos biográficos de alguns deles ajuda a abrir portas para a análise dessas formas de inserção e de construção de redes de relações. É o que se pretende com os esboços de algumas trajetórias mais bem documentadas, a partir da organização de dois grupos: os padres e os leigos.

A presença dos padres no ensino régio foi, como já dito, muito marcante em Minas Gerais durante o período em estudo, e muitos deles permaneceram por um tempo considerável no comando de uma cadeira. A maior parte deles era nascida na própria Capitania, e muitos viveram e trabalharam nas mesmas localidades de onde eram naturais. Os 11 padres professores para quem foram localizados registros sobre sua naturalidade eram nascidos no Brasil, dez deles na Capitania de Minas Gerais e um em

São Paulo. Em alguns casos, suas ligações familiares e suas propriedades reforçaram a necessidade ou o desejo de permanecerem nos seus lugares de origem, atuando como sacerdotes e como professores régios, muitas vezes por períodos significativos – situação visualizada pelos dados das Tabs. 3 e 4. Alguns deles exerceram suas atividades sacerdotais e docentes nas mesmas localidades onde nasceram, como os padres Manoel da Paixão e Paiva e Antonio Correa de Souza Mello. Outros, em localidades muito próximas, como os padres Joaquim Anastácio Marinho Silva, Silvério Teixeira de Gouvêa, José Teixeira Romão, José Crisóstomo de Mendonça e Antonio Leonardo da Fonseca.

O estabelecimento dessas correlações pode nos indicar alguns problemas fundamentais para a compreensão do significado da implantação das aulas régias na Capitania de Minas Gerais e sua possível sedimentação como elemento constituinte da vida social de então, se pensarmos no posicionamento dos indivíduos que ocuparam a função de professores, em alguns casos sendo também sacerdotes atuantes nas diversas localidades. Numa sociedade onde a mobilidade é reconhecida como um dado importante – e que, não raro, traz algumas dificuldades para a pesquisa pensada numa escala mais reduzida –, a permanência desses indivíduos não apenas no mesmo lugar, como também nas mesmas funções, ajuda a avançar o entendimento sobre o processo de estabelecimento do ensino régio, menos frágil ou fragmentado do que anteriormente pensado, se visto nessas condições de seu funcionamento. Ajuda, também, na construção de relações ainda pouco compreendidas entre o quadro decorrente das reformas pombalinas da educação e o processo de escolarização empreendido a partir da independência do Brasil. Segundo posso inferir, esse processo apoiou-se, ao menos em parte, numa estrutura já existente de aulas que poderiam, depois de algumas décadas, serem consideradas parte integrante da vida cotidiana de algumas vilas e arraiais mineiros, relativizando a ideia de que tudo teria sido iniciado de forma original a partir da implantação do Estado nacional independente.

Algumas trajetórias nos permitem elaborar mais claramente essas correlações, no sentido de perceber a atuação dos professores régios, leigos ou clérigos, na sociedade mineira colonial e os possíveis sentidos atribuídos às posições conquistadas, direta ou indiretamente ligadas ao ensino. Entre os padres que se dedicaram a ele, e para quem os registros são mais completos, vemos que tinham origens, trajetórias e posições sociais diversas: filhos legítimos, naturais ou expostos; proprietários de terras e escravos; possuidores de poucos bens pessoais; alguns com filhos. Todos pertenciam a redes de relações nas quais outros sacerdotes tinham presença destacada. Essas redes foram acionadas para resolver questões cotidianas em vida e usadas também para tratar de assuntos relacionados a esses indivíduos após suas mortes.

O padre Antonio Leonardo da Fonseca fora um menino exposto em casa de Pedro da Fonseca, no Arraial de Guarapiranga, termo de Mariana, onde nasceu e viveu até a sua morte, em 1821.[72] Provido como substituto em 1787, ele tomou posse em 1788, quando sua aula de Primeiras Letras começou a funcionar, e se manteve, seguramente, até 1814, mesmo durante os períodos em que o professor esteve de licença por motivo de saúde. Antonio Leonardo da Fonseca, um dos professores régios com atuação mais regular na Capitania de Minas Gerais, não parece ter feito do magistério régio uma atividade secundária em sua vida. O período de sua atuação coincide com o momento de maior controle por parte do Estado, depois do estabelecimento da obrigatoriedade da apresentação e do registro de atestados de exercício para o recebimento dos ordenados, conforme já analisei no primeiro capítulo deste livro. Por isso mesmo, e como decorrência de sua assiduidade, o padre Antonio Leonardo da Fonseca foi um dos mais rigorosos cumpridores da norma, produzindo farta documentação na forma de atestados, procurações e requerimentos, que permitem acompanhar sua trajetória como professor régio ao longo dos seus mais de 20 anos de exercício.

Sua preocupação com a regularidade das comprovações, contudo, relaciona-se também aos problemas decorrentes dos habituais atrasos no recebimento dos ordenados, situação agravada, para ele, entre 1799 e 1806. Seu esforço para tentar receber esses ordenados resultou numa bateria de atestados que a Câmara de Vila Rica lhe passou – 25 documentos – comprovando suas atividades trimestre por trimestre, ao

---

[72] Além dele, encontrei apenas um desses professores padres que não era filho legítimo: José Crisóstomo de Mendonça.

longo desse período. A necessidade de traçar estratégias para solucionar esse problema resultava na ativação das redes de relações pessoais como uma das principais formas de ação. Isso significava não apenas recorrer à Câmara para obter os atestados de exercício – esperando que ela fizesse as averiguações cabíveis na comunidade e com o próprio professor –, mas também acessar os amigos e conhecidos a fim de criar facilidades para o recebimento dos ordenados ou para cobrir as ausências em caso de necessidade. O padre Antonio Leonardo da Fonseca utilizaria todos esses recursos, pois começou a apresentar problemas de saúde por volta de 1798 e acabou por ter que se licenciar em 1809, conseguindo que o Bispo e o Governador aprovassem sua indicação de um substituto, Joaquim Ferreira de Azevedo. Seu estado de saúde certamente agravava suas dificuldades, não apenas porque não recebia os ordenados há alguns anos, como também porque tinha dificuldades para se manter, pessoalmente, no esforço de conseguir regularizar a situação. Por isso, acabou lançando mão de um colega, o também padre e professor régio de Gramática Latina de Vila Rica Silvério Teixeira de Gouvêa, que se tornou seu procurador para a solução das pendências relativas ao seu emprego. Prática comum, na verdade, pois o próprio Antonio Leonardo da Fonseca já havia integrado essa "rede" como procurador de Antonio José de Lima e Costa, professor de Primeiras Letras de São Miguel de Piracicaba, ajudando o colega a receber os ordenados na sede da Real Fazenda, em Vila Rica.

Mesmo não tendo informações mais amplas sobre a sua trajetória de vida, não é difícil inferir que o ingresso no sacerdócio e no ensino régio foram as vias de sustento do padre Antonio Leonardo da Fonseca. Apesar de possuir uma morada de casas coberta de telhas, e cerca de 20 alqueires de uma vertente de terras de cultura, ele tinha apenas cinco escravos, dois deles doentes e três que foram deixados para as filhas de seu herdeiro e compadre Joaquim José Vieira. Poucos bens pessoais foram inventariados depois de seu falecimento, como utensílios domésticos, móveis e roupas, além de alguns poucos livros: quatro tomos da *Theologia Moral*, quatro tomos do *Parocho Instruído*, dois tomos de *Historia Universal* e um *Compendio*. Sua notável permanência no magistério régio por mais de vinte anos talvez possa ser explicada, também, por sua estabilidade como nativo e morador na mesma região onde trabalhava e por ter sido contemplado por uma provisão sem limitação de tempo, o que evitava, como já comentei, as regulares interrupções das atividades quando do vencimento das provisões com prazos de validade menores, como podia ocorrer com outros professores.[73]

O padre José Teixeira Romão era natural da cidade de Mariana e filho legítimo do Tenente Manoel Teixeira Romão e de Quitéria Maria dos Santos, tendo sido professor régio de Primeiras Letras no Arraial do Inficionado, termo de Mariana, por mais de 30 anos, desde que tomou posse da cadeira em 1788, depois de ter recebido uma provisão como substituto. Segundo suas próprias declarações, sua carreira como professor teria se iniciado ao mesmo tempo que a do sacerdócio. Desse momento até pelo menos 1821, José Teixeira Romão manteve-se regularmente no exercício do magistério, dando contas de sua frequência e do funcionamento da sua aula no Arraial do Inficionado. Assim como os demais, o padre professor passava pelos mesmos problemas, comuns no funcionamento das aulas régias, relacionados ao recebimento dos ordenados, exigindo que ele também tivesse que acionar as estratégias necessárias para manter em dia, junto à Real Fazenda, as informações sobre seu trabalho, sua única garantia de recebimento do pagamento devido. Mesmo assim, como era habitual, os atrasos se acumulavam. Sua condição de natural da cidade de Mariana, de uma família ali estabelecida há muitos anos, com propriedades na região, facilitou, sem dúvida, a permanência de José Teixeira Romão por longo período no exercício da cadeira de Primeiras Letras do Inficionado. Ao menos até 1814, quando o professor ainda contava como ativo no relatório da Junta da Real Fazenda, não houve interrupções no funcionamento daquela aula, havendo ainda registros de suas atividades até o ano de 1821. Além disso, tinha provisão sem limitação de tempo, o que podia diminuir suas preocupações com a sua renovação e mantê-lo por tanto tempo em atividade.

Como professor de Primeiras Letras, José Teixeira Romão recebia o menor ordenado entre as diferentes aulas régias: 150$000 reis (cento e cinquenta mil reis) por ano, pagos aos quartéis nos valores de 37$500

---

[73] Documentos sobre Antonio Leonardo da Fonseca estão disponíveis nos fundos Casa dos Contos da Biblioteca Nacional do Rio de Janeiro e do Arquivo Público Mineiro e na Casa Setecentista da Mariana-IPHAN (Inventários e Testamentos).

reis. No inventário feito após seu falecimento, em 1827, seu irmão Manoel Teixeira Romão informou que o padre professor possuía em dinheiro corrente a quantia de 1:321$799 (um conto, trezentos e vinte e um mil, setecentos e noventa e nove reis), o que não seria muito se considerarmos a possibilidade de que esse montante fosse o resultado do seu trabalho como professor, pois equivaleria a apenas nove anos de magistério. Segundo sua vontade em testamento, essa quantia deveria ser distribuída entre alguns de seus parentes, dado como esmola a algumas pessoas necessitadas e doado às muitas irmandades às quais José Teixeira Romão estava ligado, além da Ordem Terceira de Nossa Senhora do Monte do Carmo. Entre seus pertences havia objetos de ouro e prata, móveis de jacarandá, algumas poucas roupas pessoais e da casa, louça, além da morada de casas. Apenas três volumes de um Breviário foram declarados, não havendo informações sobre outros livros que ele pudesse ter tido. Também não foram declarados escravos.[74]

Atuação interessante teve o padre Silvério Teixeira de Gouvêa, professor régio de Gramática Latina em Vila Rica que esteve ativo por mais de 20 anos. Nascido no Arraial de Guarapiranga por volta de 1754, filho legítimo do Coronel Luiz José Ferreira de Gouvêa e de D. Rita Maria Tavares da Fonseca, ele construiu sua trajetória como professor e sacerdote na mesma região onde nasceu e onde sua família tinha as raízes. Recebeu sua provisão da Real Mesa Censória em 1787 e nesse mesmo ano embarcou em Lisboa para assumir a cadeira em Vila Rica, junto com dois outros professores que assumiriam também na Capitania de Minas Gerais: João Varela da Fonseca Cunha, provido para a cadeira de Gramática Latina da Vila de São José do Rio das Mortes, e Marcelo da Silveira Lobato, provido para ensinar as Primeiras Letras no Arraial do Curral del Rei. Sua posse foi registrada em janeiro de 1788, com provisão sem limitação de tempo. Sua atuação como sacerdote o fez circular entre a capital e as freguesias de Guarapiranga e de Itaverava, onde chegou a fazer às vezes de pároco,

---

[74] Documentos sobre José Teixeira Romão estão disponíveis nos fundos Casa dos Contos da Biblioteca Nacional do Rio de Janeiro e do Arquivo Público Mineiro e na Casa Setecentista da Mariana-IPHAN (Inventários e Testamentos).

atendendo às necessidades locais. Anos mais tarde, ele valorizaria essas situações, quando, por volta de 1806, solicitou ao Príncipe Regente D. João a concessão do lugar de vigário das freguesias de São Caetano ou de São Bartolomeu, ambas na mesma região, alegando também os bons serviços prestados como professor régio. Nesse momento, ele afirmaria estar cansado de ensinar e que já havia algum tempo teria indicado um substituto à sua custa, com aprovação do Bispo e do Governador, depois que a saúde começara a dificultar sua atuação no magistério. Desejando deixar as funções de professor régio, ele logo cuidou de pedir outra colocação remunerada, a de vigário, que pudesse substituir os rendimentos provenientes do ensino.

A ligação com a terra natal e as atividades como padre e professor fizeram de Silvério Teixeira de Gouvêa um importante intermediário entre seus colegas e a Real Fazenda, pois muitos deles o nomearam como seu procurador para o recebimento dos ordenados ao longo de vários anos. Assim, durante esse período, ele representou os professores Pe. Caetano Gomes de Santa Rita (Primeiras Letras em Mariana), o seu companheiro de viagem em 1787, Pe. João Varela da Fonseca Cunha (Gramática Latina em São José do Rio das Mortes), José Manoel da Fonseca (Primeiras Letras em Borda do Campo), Luís Joaquim Varela de França (Primeiras Letras em Mariana), José Gomes de Oliveira (Primeiras Letras em Rio Vermelho), Pe. Luciano Pereira de Queirós (Primeiras Letras em Caeté), Luís Antonio da Silva (Primeiras Letras em Santo Antonio do Vale da Piedade do Rio Verde), Pe. Antonio Leonardo da Fonseca (Primeiras Letras em Vila Rica).[75]

Manoel da Paixão e Paiva foi outro padre e professor régio que teve a trajetória ligada à sua terra natal. Nascido na Vila de São João del-Rei em 1765, era filho legítimo de Jerônimo de Paiva e de Theodora Barbosa de Magalhães. Sua inserção nos quadros do ensino régio na própria Vila onde nasceu ocorreu por suas ligações com o padre

---

[75] Documentos sobre Silvério Teixeira de Gouvêa estão disponíveis nos fundos Casa dos Contos da Biblioteca Nacional do Rio de Janeiro e do Arquivo Público Mineiro; Arquivo Histórico Ultramarino (Disponível em *Projeto Resgate*, Centro de Memória Digital, UnB: <http://www.cmd.unb.br>).

Marçal da Cunha Matos, provido como professor com carta de mercê em 1774. Manoel da Paixão e Paiva havia estudado com Matos e o assistiu por muitos anos, acabando por tornar-se seu substituto a partir de 1799, quando este, doente, obteve licença do Bispo de Mariana. Depois de alguns anos nessa posição, Paiva dirigiu-se ao Príncipe Regente D. João pedindo sua nomeação como proprietário da cadeira de Gramática Latina da Vila de São João del-Rei, que já ocupava na prática. Enraizado na Vila, Manoel da Paixão e Paiva estava bem relacionado e, como outros, lançou mão desses relacionamentos no momento dessas demandas. A julgar por suas posses, muito superiores às da maioria dos professores régios, não parece que esse emprego fosse essencial à sua sobrevivência. Paiva possuía uma fazenda, onde criava gado bovino e cavalos, e quase duas dezenas de escravos. Em sua casa na cidade, parte do mobiliário indicava funcionar aí mesmo a sua aula de Gramática Latina, pois havia muitas cadeiras, mesas, bancos, além de estante para livros. Às vésperas de sua morte, em 1838, aos 73 anos, Manoel da Paixão e Paiva reconheceu sete filhos, um deles também padre, tendo instituído a todos como seus testamenteiros e herdeiros.[76]

Uma mirada panorâmica nesses fragmentos biográficos deixa entre-ver algumas questões interessantes que merecem, futuramente, análise mais apurada: as relações entre as origens sociais desses indivíduos, levados à formação religiosa, a qual acabaria servindo, também, para a ocupação de posições que exigiam um tipo de formação escolar mais apurada; essas mesmas origens e as relações sociais delas derivadas ajudando a consolidar essas posições – no caso a do magistério régio –, mesmo que delas não dependesse o sustento material dessas pessoas; a constituição de laços corporativos combinados – sacerdócio e magistério –, que eram utilizados para a solução de questões cotidianas.

Em termos quantitativos, os professores leigos ocupavam posição de maior destaque na cadeira de Primeiras Letras, conforme demonstrado

---

[76] Documentos sobre Manoel da Paixão e Paiva estão disponíveis nos fundos Casa dos Contos da Biblioteca Nacional do Rio de Janeiro e do Arquivo Público Mineiro; ANTT-Ministério do Reino MÇ 3518; Arquivo do IPHAN em São João del-Rei (Inventários e Testamentos).

no Quadro 2. Mais difíceis de caracterizar quanto às suas formações, não resta dúvida quanto à extensão de sua atuação social para além do magistério régio. Se não há muitas evidências sobre sua dedicação a atividades econômicas como o comércio, a agricultura ou a mineração, são mais comuns os registros de sua participação em outras funções públicas e da ocupação de cargos civis ou militares, além da atuação política, sobretudo depois da chegada da Corte portuguesa ao Brasil.

Ao menos dois dos professores régios da Capitania de Minas Gerais constantes no grupo que tenho examinado tiveram esse tipo de trajetória, ligando-se ao movimento liberal, desde a revolução de 1820 em Portugal, e ao processo de independência política do Brasil, até o Primeiro Reinado. O mais conhecido deles talvez seja José Elói Otoni, nascido na Vila do Príncipe em 1764. Depois dos seus primeiros estudos no Arraial do Tejuco, e em decorrência de ser reconhecido como um brilhante estudante, ele teria iniciado alguma atividade no magistério assistindo um professor em Catas Altas, antes de passar uma temporada na Itália. Antes do retorno ao Brasil, Otoni submeteu-se ao exame para professor régio de Gramática Latina em Lisboa, sendo aprovado em 1788. Sua posse na cadeira da Vila do Bom Sucesso de Minas Novas somente ocorreu em 1792, e ele permaneceria ocupando-a efetivamente até 1796. Daí por diante, Otoni seria substituído por mais de um professor, enquanto ele mesmo cuidava de que a Câmara de Minas Novas atestasse o funcionamento da aula, procurando garantir o recebimento dos ordenados. Durante todo esse período, José Elói Otoni sofreu com as dificuldades relacionadas a essa questão, recorrendo às autoridades para relatar suas dificuldades em se manter, visto que o magistério era, então, sua única fonte de renda e que tinha família para sustentar. Nesse momento ele já desistira da carreira e nas primeiras décadas do século XIX fez mais de uma viagem a Portugal, tentando melhores colocações em funções públicas, enquanto continuava reivindicando o recebimento dos sempre atrasados ordenados do período em que fora professor régio. Embora sua situação material não fosse favorável, suas relações pessoais lhe valiam algum prestígio e, em 1821, foi eleito deputado por Minas Gerais nas Cortes Constituintes de Portugal, não chegando a ocupar o lugar por causa do atraso no recebimento do respectivo diploma. Enquanto esteve em Lisboa, teria aberto um curso particular. Retornando ao Brasil em 1825, já com mais de 60 anos, ele finalmente obteve algum benefício permanente, graças às suas relações pessoais, e acabou por ser nomeado oficial da Secretaria da Marinha por seu antigo companheiro da juventude, e então Ministro, Francisco Villela Barbosa. Conhecido como destacado latinista, José Elói Otoni dedicou-se à poesia e às traduções, tendo passado toda a sua vida em busca de posições que julgava compatíveis com sua formação e suas habilidades intelectuais, sempre como benefícios vindos do Estado. Morreu no Rio de Janeiro em 1851.[77]

Atuação política de maior peso teve Antonio Gonçalves Gomide, nascido em 1770 em Guarapiranga, Capitania de Minas Gerais, região onde viveu até o início do século XIX, e onde esteve em atividade como professor régio entre 1792 e 1801. Tendo sido examinado em Lisboa, embarcou para o Brasil em 1792 junto com José Procópio Monteiro, que assumiria a cadeira de Gramática Latina de Guarapiranga. Gomide recebeu provisão por seis anos para a cadeira de Gramática Latina na Vila Nova da Rainha do Caeté, tomando posse naquele mesmo ano. Levou vida agitada, envolvendo-se em atritos com autoridades, acusações de cometimento de crimes, chegando a ser denunciado à Inquisição, o que trouxe perturbações à sua atividade como professor. Assim como todos, ele também encaminhava à Real Fazenda seus atestados de exercício do magistério, porém sem a mesma assiduidade de muitos de seus colegas. A Câmara de Caeté nem sempre apreciava favoravelmente sua atuação, embora lhe passasse os atestados de comprovação de que ele estivesse com a aula aberta na Vila. Em mais de uma ocasião os vereadores avaliaram que Antonio Gonçalves Gomide não satisfazia com suas obrigações e por isso recomendavam que o seu pagamento não fosse feito, a menos que ele demonstrasse

---

[77] Documentos sobre José Eloi Otoni estão disponíveis nos fundos Casa dos Contos da Biblioteca Nacional do Rio de Janeiro e do Arquivo Público Mineiro; Arquivo Histórico Ultramarino (Disponível em *Projeto Resgate*, Centro de Memória Digital, UnB: <http://www.cmd.unb.br>. ANTT/ Real Mesa Censória. Livro 23 – *Registro de Exames de Gramática Latina feitos nesta Secretaria da Real Mesa da Comissão Geral sobre o Exame e Censura dos Livros (1773-1791)*, e em VEIGA (1998).

mudança de atitude. Não explicaram que tipo de irregularidade encontraram no desempenho de Gomide, mas suas atividades fora do magistério, envolvendo-se com os problemas políticos locais, bem podem tê-lo colocado em posição de confronto com algum homem de importância da Vila, com algum membro da Câmara ou com toda ela, influenciando o parecer dado à sua atuação como professor. Na verdade, Antonio Gonçalves Gomide já havia se envolvido em desavenças com autoridades em outras partes da Capitania de Minas Gerais. Em 1793 ele se indispôs com o Ouvidor da Comarca de Sabará, queixando-se, em uma carta a uma autoridade não identificada, sobre os desmandos daquele magistrado e de seus protegidos e familiares, que abusavam do poder e se enriqueciam ilicitamente. Na carta, Gomide acentuava o clima de medo entre a população da Capitania, que não ousava queixar-se, e elevava sua coragem, colocando-se como uma espécie de porta-voz da população intimidada. Em 1794 seu atestado de exercício do ensino de Gramática Latina indicava um afastamento entre os meses de maio e julho, por estar envolvido com uma acusação de tentativa de envenenamento. Em 1799 ele foi denunciado à Inquisição por um morador do Arraial de Raposos, Manoel Gomes Pereira Jardim, que teria ouvido comentários acerca do comportamento libertino do professor e por suas supostas ideias contrárias à devoção. O denunciante afirmava que Gomide teria dito que "vendo um rosário com algumas contas de ouro [...] dele ou não queria ou não servia se não as contas de ouro; mostrando que do mais não fazia caso".[78] Não consta que tenha havido algum desdobramento importante dessa denúncia.

Antônio Gonçalves Gomide estudou no Seminário de Mariana, e José Ferreira Carrato informa que em 1798 ele teria abandonado sua cadeira de Gramática Latina em Caeté para estudar medicina em Edimburgo. Na realidade, sua provisão, dada em 1792, tinha validade de seis anos e findou em 1798, o que teria dado a Gomide a oportunidade para deixar o magistério naquele momento, não requerendo sua renovação. De toda forma, ele não pediu, ao que se saiba, seu

---

[78] ANTT/Tribunal do Santo Ofício/Inquisição de Lisboa. Processo 14808.

desligamento, e não foi encontrado registro de sua demissão ou desistência. Seus interesses eram claramente outros, e a política, mais que a medicina, ocuparia a maior parte da sua vida daí em diante. Alguns anos mais tarde, contudo, sua experiência como professor acabaria influenciando na atuação como político.

Seu interesse pelas atividades públicas levou-o à Câmara de Vila Nova da Rainha do Caeté, onde foi almotacé, vereador e juiz ordinário, nos primeiros anos do século XIX, quando já não mais exercia o magistério régio. Daí por diante sua ligação com a política acentuou-se. Foi deputado por Minas Gerais na Assembleia Constituinte de 1823, quando teve participação na Comissão de Instrução Pública, apresentando emenda ao projeto de fundação de universidades de José Bonifácio Ribeiro de Andrada, sugerindo a criação de uma universidade em Minas Gerais e que fosse instalada em Caeté, vila onde ele havia sido professor e onde iniciara sua carreira política. Em 1826 ele assumiu sua cadeira como Senador do Império, permanecendo nela nas três primeiras legislaturas.

Antonio Gonçalves Gomide foi um tenaz caçador de benesses e privilégios. Enquanto exercia o cargo de vereador e juiz ordinário dos órfãos da Câmara de Vila Nova da Rainha, ele procurou conquistar patentes e mercês, como a carta patente de Capitão da Companhia de Ordenanças, conseguida entre 1801 e 1802, e a serventia vitalícia do ofício de 2° tabelião de Vila Nova da Rainha do Caeté. Em 1802 ele enviou ao Conselho Ultramarino requerimento para obtenção da mercê do Hábito da Ordem de Santiago da Espada, alegando os inúmeros serviços prestados como professor e que, por sua própria conta, havia investido nos estudos de medicina – segundo ele seguindo os planos da Universidade de Coimbra –, com o intuito de prestar serviços à população. Seu pedido, porém, não foi atendido. Em 1806 ele voltou à carga, solicitando a mercê do Habito de Cristo. É mencionado como um dos precursores da psiquiatria no Brasil, ao que tudo indica por ter analisado como médico os êxtases da célebre "Irmã Germana", que atraía centenas de pessoas à Serra da Piedade, próxima a Caeté, em busca de milagres. Ele refutou opiniões de outros especialistas, afirmando, em texto publicado, que os êxtases tratavam-se de manifestações de cataplexia. Antonio Gonçalves Gomide faleceu no Rio de Janeiro, em 1835, ainda ocupando a cadeira de Senador do Império do Brasil.[79]

José Pedro da Costa Baptista era natural da cidade do Porto e abriu sua aula régia de Primeiras Letras na Vila de São João Del Rei em 1790, depois de ter recebido sua provisão sem limitação de tempo, embarcando em Lisboa em agosto de 1789. Nesse emprego ele permaneceu por quase 30 anos ininterruptamente até o seu falecimento, em 1818. Baptista era também alferes, o que poderia lhe render cerca de 200 mil réis anuais, ou um pouco mais, ajudando a complementar o minguado ordenado de 150 mil réis como professor de Primeiras Letras. Como seus colegas, José Pedro da Costa Baptista cuidava atenciosamente dos documentos exigidos para a atestação de suas atividades e, como vivia em São João del-Rei, acabou por nomear procuradores para o recebimento de seus ordenados em Vila Rica. Suas relações com a capital pareciam ser fortes, pois ele era irmão professo da Ordem Terceira de Nossa Senhora do Monte do Carmo dessa localidade e em seu testamento pediu aos seus amigos irmãos de São João del-Rei que o sepultassem na sua Igreja, em consideração à sua vinculação com a associação, no que foi prontamente atendido.

Baptista morreu solteiro e não declarou ter tido filhos, mas criou um afilhado, Venâncio José do Espírito Santo, a quem provavelmente ensinou a ler e que foi nomeado seu testamenteiro. Ele mesmo declarara em seu testamento não possuir muitos bens, e seu inventário dá indícios de uma vida modesta. Ele possuía apenas um escravo, já na casa dos 50 anos de idade, oficial de carpinteiro, que deixou libertado no testamento. Entre os seus bens, poucas roupas, alguns talheres de prata e pratos de louça, uma morada de casas em São João del-Rei e um conjunto de móveis consistente com sua atividade como professor: havia várias mesas, de tamanhos diferentes, com e sem gavetas, uma estante para guardar livros e sete bancos, provavelmente utilizados por seus alunos. Sendo

---

[79] Documentos sobre Antonio Gonçalves Gomide estão disponíveis nos fundos Casa dos Contos da Biblioteca Nacional do Rio de Janeiro e do Arquivo Público Mineiro; Arquivo Histórico Ultramarino (Disponível em *Projeto Resgate*, Centro de Memória Digital, UnB: <http://www.cmd.unb.br>). ANTT/Tribunal do Santo Ofício/ Inquisição de Lisboa; <http://www.senado.gov.br/senadores/periodos/Imperio. shtm>; <http://www.polbr.med.br> e em VEIGA (1998).

proprietário de uma morada de casas, é muito possível que a aula régia de Primeiras Letras sob sua responsabilidade funcionasse nesse espaço. Embora houvesse uma estante para livros, apenas cinco tomos do *Catecismo de Montpellier* foram declarados por seu testamenteiro no inventário de seus bens, e eram material para o ensino que lhe cabia.[80]

Marcelo da Silveira Lobato foi professor de Primeiras Letras no Arraial do Curral del Rei por cerca de 30 anos, com uma das atuações mais regulares entre os professores identificados. Foi um dos que mais regularmente cumpria os procedimentos de prestação de contas de seu magistério, e seus atestados de exercício aparecem entre 1788 e 1821, contando os períodos em que esteve licenciado por motivos de saúde. Suas atestações são fartas, não somente emitidas pela Câmara de Sabará, como também pelo vigário da Matriz de Nossa Senhora da Boa Viagem, do Arraial do Curral del Rei.

Ele recebera sua provisão sem limitação de tempo em Lisboa, em 1787, logo embarcando para o Brasil, tendo seus colegas recém providos Silvério Teixeira de Gouvêa e João Varela da Fonseca Cunha como companheiros de viagem. Logo depois de tomar posse, abriu sua aula no Arraial do Curral del Rei, em 1788, e ali esteve até por volta de 1821, comprovadamente. Também o fato de ter provisão ilimitada facilitou sua permanência por tão longo período sem interrupções provocadas pelo vencimento dela. Além disso, sua aula de Primeiras Letras era a única gratuita do Arraial do Curral del Rei, importante povoação do termo da Vila de Sabará e distante dela cerca de três léguas e meia.

Não apenas sua atuação como professor régio, mas também como vereador na Vila de Sabará, na segunda década do século XIX, ajudaram-no na construção de uma rede de relações que incluía outros professores da região e também indivíduos com alguma expressão política. Diogo Pereira Ribeiro de Vasconcelos, que ocupava o cargo de vereador em Vila Rica nesses primeiros anos da carreira docente de Marcelo da Silveira Lobato, foi seu procurador na capital para o

---

[80] Documentos sobre José Pedro da Costa Baptista estão disponíveis nos fundos Casa dos Contos da Biblioteca Nacional do Rio de Janeiro e do Arquivo Público Mineiro e no Arquivo do IPHAN em São João del-Rei (Inventários e Testamentos).

recebimento dos ordenados como professor régio de Primeiras Letras. Vasconcelos é lembrado no episódio da Inconfidência Mineira, havendo prestado depoimento nas devassas abertas em Vila Rica e no Rio de Janeiro. Embora seu testemunho não tenha ajudado a comprometer os acusados, ele celebraria o fracasso da conspiração no seu célebre discurso em homenagem à D. Maria I, enaltecendo a repressão ao movimento de 1789, enquanto a cabeça de Tiradentes era exposta na praça central de Vila Rica. Como vereador, Diogo Pereira Ribeiro de Vasconcelos acabava por participar dos processos de controle das atividades dos professores, além de também servir como procurador de seus colegas de ofício público.

É curioso ver Marcelo da Silveira Lobato exercendo funções nos dois lados do processo que envolvia o controle sobre as atividades dos professores: como professor, ele era obrigado a prestar contas à Junta da Real Fazenda, comprovando trimestralmente o exercício do magistério para garantir o recebimento dos ordenados, o que o obrigava a solicitar à Câmara da Vila de Sabará (à qual o Arraial do Curral del Rei estava subordinado) a emissão dos atestados de comprovação; como vereador, era ele quem, junto com os demais membros da Câmara, atestava o cumprimento das atividades de seus colegas de outras localidades. Vários documentos indicam essa situação *sui generis* vivida por Marcelo da Silveira Lobato. Sua rede de relações era constituída de homens letrados como ele[81] e, de alguma forma, inseridos na estrutura político-administrativa da Capitania de Minas Gerais. Além de Diogo Pereira Ribeiro de Vasconcelos, os padres Lázaro Rodrigues Estorninho e Luís Teixeira Coelho, ele também recorria a João Joaquim da Silva Guimarães, escritor e funcionário, conhecido também por ser pai do escritor e poeta Bernardo Guimarães e que também foi seu procurador em Vila Rica para recebimento dos ordenados.

Em 1805, Marcelo da Silveira Lobato requereu licença para admitir um substituto em suas aulas, pois estava doente, com problemas que

---

[81] Letrado, aqui, entendido como o indivíduo com conhecimento razoável da leitura e da escrita, e não no sentido acadêmico, como era atribuído no vocabulário do século XVIII.

lhe afetavam as vértebras e sofrendo de gota. Os procedimentos para a solicitação dessa licença incluíam o envio de atestado de que cumpria regularmente com suas obrigações, além do atestado do cirurgião-mor que o examinou. As solicitações eram enviadas ao Governador da Capitania e ao Bispo de Mariana, que deveriam, em caso de concordância, despachar favoravelmente autorizando a admissão de um substituto aprovado, pago à custa do próprio professor. Marcelo da Silveira Lobato procurou demonstrar que havia muitos anos cumpria assiduamente suas obrigações como professor de Primeiras Letras e que não tinha outro meio de sustento além do magistério régio; por isso, precisava da licença para ter um substituto, já que sem isso não receberia os ordenados que lhe eram indispensáveis.[82]

Mesmo essas poucas notas biográficas dos professores leigos demonstram alguns pontos que merecem consideração, se os compararmos aos professores padres. Há entre eles uma maior diversidade em suas trajetórias, em relação às suas posições na sociedade mineira colonial, quanto às posses, redes de relações ou origens familiares, e ao papel que o magistério régio representou em suas vidas. Para todos eles, no entanto, ressalta a importância que esse ofício teve cotidianamente, para os que nele permaneceram praticamente por toda a vida ou mesmo para os que o utilizaram como elemento de valorização social, conforme as circunstâncias. De toda forma, são questões que ainda estão a merecer maior atenção.

---

[82] Documentos sobre Marcelo da Silveira Lobato estão disponíveis nos fundos Casa dos Contos da Biblioteca Nacional do Rio de Janeiro e do Arquivo Público Mineiro. Sobre Diogo Pereira Ribeiro de Vasconcelos ver o estudo crítico de Carla Maria Junho Anastasia em VASCONCELOS (1994), VEIGA (1998) e FONSECA (2001).

—Notas finais—

Este estudo me fez mergulhar numa profusão de informações encerradas em documentos espalhados por vários arquivos no Brasil e em Portugal, registros fragmentados, confirmando uma situação que pode, sob certa perspectiva, ser indicativa da problemática inserção dos assuntos da educação pública na estrutura político-administrativa do Império Português do Antigo Regime, especialmente na América. Esse mergulho, em contrapartida, faz emergir um cenário que vai ficando cada vez mais complexo e articulado, à medida que permite aprofundar a compreensão dos mecanismos presentes nos primórdios do processo de escolarização de Minas Gerais, a partir das reformas pombalinas da educação e da introdução do ensino público estatal. Como afirmei no início deste livro, o esforço aqui empreendido foi no sentido de refinar a pesquisa, reduzindo a escala de observação, procurando pelo dado individualizado e pontual, mas desenvolvendo a análise sem perder de vista as articulações mais amplas. O trabalho ainda segue, com o propósito de dar mais organização às informações coletadas nas fontes e melhorar os instrumentos que permitam a construção das conexões necessárias ao entendimento de como foram organizadas e como funcionaram as aulas régias na Capitania de Minas Gerais até as primeiras décadas do século XIX. Restam ainda outros professores cujas trajetórias vão sendo rastreadas, e também seus alunos, pessoas que frequentaram as aulas de Primeiras Letras e de Gramática Latina e para quem a inserção direta na cultura escrita possa ter sido fundamental em suas vidas. Mas não somente o ensino régio. É preciso também considerar mais seriamente as atividades dos professores particulares, o que exige um trabalho de garimpagem ainda mais refinado.

Todo esse programa investigativo não seria possível sem o apoio essencial da Fundação de Amparo à Pesquisa do Estado de Minas Gerais (FAPEMIG), que o vem financiando desde 2005, por meio dos programas Edital Universal e Programa Pesquisador Mineiro-PPM, incluindo a publicação deste livro, e também o apoio do CNPq por meio da concessão da Bolsa de Produtividade em Pesquisa.

—Anexo—

Tabela de correspondência das localidades

Número	Localidade	Nome atual
1	Paracatu	
2	Tejuco	Diamantina
3	Vila do Príncipe	Serro
4	Conceição do Mato Dentro	
5	Gouvêa	
6	São Gonçalo do Rio Preto	
7	Itacambira	
8	Água Suja	Berilo
9	Minas Novas	
10	Rio Vermelho	
11	Suaçuí	Peçanha
12	Santa Luzia	
13	Sabará	
14	Lagoa Santa	
15	Senhor Bom Jesus de Matozinhos	Matozinhos
16	Itabira do Mato Dentro	Itabira
17	Itambé do Mato Dentro	
18	Vila Nova da Rainha	Caeté
19	Santa Quitéria	Esmeraldas
20	Pitangui	
21	Mateus Leme	
22	Curral del Rei	Belo Horizonte
23	Patafufio	Pará de Minas

24	Taquaraçu	Taquaraçu de Minas
25	Cocais	Barão de Cocais
26	Santa Bárbara	
27	São Miguel de Piracicaba	Rio Piracicaba
28	São Domingos	São Domingos do Prata
29	Catas Altas	
30	Vila Rica	Ouro Preto
31	Mariana	
32	Congonhas do Campo	Congonhas
33	Arraial do Pinheiro	Pinheiros Altos
34	Barra do Bacalhau	Guaraciaba
35	Guarapiranga	Piranga
36	São José da Barra Longa	Barra Longa
37	São João Batista do Presídio / Presídio de São João Batista	Visconde do Rio Branco
38	Pomba	Rio Pomba
39	São João del-Rei	
40	São José del-Rei	Tiradentes
41	Barbacena	
42	São Bento do Tamanduá	Itapecerica
43	Itaverava	
44	Queluz	Conselheiro Lafaiete
45	Santana das Lavras do Funil	Lavras
46	Ouro Fino	
47	Campanha da Princesa	Campanha
48	Baependi	
49	Aiuruoca	
50	Formiga	
51	São Carlos do Jacuí	Jacuí
52	Campo Belo	
53	Passa Tempo	
54	Inficionado	Santa Rita Durão
55	Itabira do Campo	Itabirito
56	Nossa Senhora das Dores	Dores do Indaiá
57	São Gonçalo	São Gonçalo do Sapucaí

Obs.: Onde não há correspondência na última coluna significa que não houve mudança no nome da localidade.

—— Referências ——

ADÃO, Áurea. *Estado absoluto e ensino das Primeiras Letras:* as escolas régias (1772-1794). Lisboa: Fundação Calouste Gulbenkian, 1997.

ALENCASTRO, Luiz Felipe de. *O trato do viventes. Formação do Brasil no Atlântico Sul.* São Paulo: Companhia das Letras, 2000.

ALMEIDA, Carla Berenice Starling de. *Medicina mestiça. Saberes e práticas curativas nas Minas Setecentistas.* São Paulo: Annablume, 2010.

ALMEIDA, Carla Maria Carvalho de. Homens ricos em Minas Colonial. In: BICALHO, Maria Fernanda ; FERLINI, Vera Lúcia Amaral (Orgs.). *Modos de governar. Idéias e práticas políticas no Império português, sé   culos XVI a XIX.* São Paulo: Alameda, 2005.

ANDRADE, Antonio Alberto Banha de. *A reforma pombalina dos estudos secundários (1759-1771): contribuição para a história da Pedagogia em Portugal.* Coimbra: Por Ordem da Universidade, 1981-1984.

ANDRADE, Antonio Alberto Banha de. *A reforma pombalina dos estudos secundários no Brasil (1769-1771).* São Paulo: Editora da Universidade de São Paulo, Editora Saraiva, 1978.

ANDRADE, Antônio Banha de. *A Reforma Pombalina dos estudos secundários (1759-1771).* Coimbra: Universidade de Coimbra, 1981. Volume 2. (Documentação).

ARQUIVO NACIONAL. *Fiscais e Meirinhos. A administração no Brasil colonial. Coordenação de Graça Salgado.* Rio de Janeiro: Nova Fronteira, 1985.

BARBOSA, Waldemar de Almeida. *História de Minas.* Belo Horizonte: Editora Comunicação, 1979. 2 vol.

BICALHO, Maria Fernanda; FERLINI, Vera Lúcia Amaral (Orgs.). *Modos de governar. Idéias e práticas políticas no Império português – séculos XVI a XIX.* São Paulo: Alameda, 2005.

BLUTEAU, Raphael. *Vocabulário Portuguez e Latino.* Coimbra: No Collegio das Artes da Companhia de JESU, 1712.

BOSCHI, Caio Cesar. *Os leigos e o poder. Irmandades leigas e política colonizadora em Minas Gerais.* São Paulo: Ática, 1986.

BRÜGGER, Silvia Maria Jardim. *Minas patriarcal: família e sociedade (São João del Rei, séculos XVIII e XIX)*. São Paulo: Annablume, 2007.

CARDOSO, Tereza Maria Rolo Fachada Levy. *As luzes da educação: fundamentos, raízes históricas e prática das aulas régias no Rio de Janeiro (1759-1834)*. Bragança Paulista, SP: Editora da Universidade São Francisco, 2002.

CARRATO, José Ferreira. *Igreja, iluminismo e escolas mineiras coloniais (notas sobre a cultura da decadência mineira setecentista)*. São Paulo: Companhia Editora Nacional; Editora da Universidade de São Paulo, 1968 (Coleção Brasiliana, vol. 334).

CARVALHO, Feu de. Instrucção Pública: primeiras aulas e escolas de Minas Gerais (1721-1860). *Revista do Arquivo Público Mineiro*. Belo Horizonte: Imprensa Oficial, ano XXIV, 1 vol., 1933.

CARVALHO, Laerte Ramos de. A educação e seus métodos. In: HOLANDA, Sérgio Buarque de (Dir.). *História Geral da Civilização Brasileira: a época colonial*. 6. ed. São Paulo: Difel, 1985. v. 2, t. 1.

CARVALHO, Laerte Ramos de. *As reformas pombalinas da instrução pública*. São Paulo: Editora da Universidade de São Paulo; Saraiva, 1978 (a tese original é de 1952).

CARVALHO, Rómulo de. *História do ensino em Portugal: desde a fundação da nacionalidade até o fim do regime de Salazar-Caetano*. Lisboa: Fundação Calouste Gulbenkian, 2001.

COELHO, José João Teixeira. *Instrução para o governo da Capitania de Minas Gerais*. Belo Horizonte: Secretaria de Estado da Cultura, Arquivo Público Mineiro, Instituto Histórico e Geográfico Brasileiro, 2007.

FAORO, Raymundo. *Os donos do poder. Formação do patronato político brasileiro*. 3. ed. São Paulo: Globo, 2001.

FERNANDES, Rogério. *Os caminhos do ABC: sociedade portuguesa e ensino das Primeiras Letras – do pombalismo a 1820*. Porto: Porto Editora, 1994.

FIGUEIREDO, Luciano. *Barrocas famílias: a vida familiar em Minas Gerais no século XVIII*. São Paulo; Hucitec, 1997.

FIGUEIREDO, Luciano. *O avesso da memória. Cotidiano e trabalho da mulher em Minas Gerais no século XVIII*. Rio de Janeiro: José Olympio, 1993.

FONSECA, Thais Nivia de Lima e. "Segundo a qualidade de suas pessoas e fazenda": estratégias educativas na sociedade mineira colonial. *Varia Historia*. Departamento de História, Programa de Pós-Graduação em História, FAFICH/UFMG. Belo Horizonte, n. 35, março 2006.

FONSECA, Thais Nivia de Lima e. *Da infâmia ao altar da pátria: memória e representações da Inconfidência Mineira e de Tiradentes*. São Paulo: Faculdade de Filosofia, Letras e Ciências Humanas/Universidade de São Paulo, 2001 (Tese de Doutorado em História Social).

FONSECA, Thais Nivia de Lima e. História da Educação e História Cultural. In: FONSECA, Thais Nivia de Lima e; VEIGA, Cynthia Greive (Orgs.). *História e historiografia da educação no Brasil*. Belo Horizonte: Autêntica, 2003.

FONSECA, Thais Nivia de Lima e. Instrução e assistência na Capitania de Minas Gerais: das ações das Câmaras às escolas para meninos pobres (1750-1814). *Revista Brasileira de Educação*. v.13, n.39, set/dez. 2008.

FONSECA, Thais Nivia de Lima e. *Letras, ofícios e bons costumes. Civilidade, ordem e sociabilidades na América portuguesa*. Belo Horizonte: Autêntica, 2009.

FONSECA, Thais Nivia de Lima e. Trilhando caminhos, buscando fronteiras: Sérgio Buarque de Holanda e a História da Educação no Brasil. In: FARIA FILHO, Luciano Mendes de (Org.). *Pensadores sociais e história da educação*. Belo Horizonte: Autêntica, 2005.

FONSECA, Thais Nivia de Lima e. Um mestre na Capitania. *Revista do Arquivo Público Mineiro*. Belo Horizonte: Imprensa Oficial, ano XLIII, n. 1, jan./jun. 2007.

FRAGOSO, João *et al* (Orgs.). *O Antigo Regime nos trópicos: a dinâmica imperial portuguesa (séculos XVI-XVIII)*. Rio de Janeiro: Civilização Brasileira, 2001.

FRAGOSO, Myriam Xavier. *O ensino régio na Capitania de São Paulo (1759-1801)*. São Paulo: Faculdade de Educação, Universidade de São Paulo, 1972 (Tese de Doutorado).

FREYRE, Gilberto. *Casa grande e senzala*. 31. ed. Rio de Janeiro: Record, 1996.

FURTADO, Júnia Ferreira (org). *Diálogos oceânicos. Minas Gerais e as novas abordagens para uma história do Império Ultramarino Português*. Belo Horizonte: Editora UFMG, 2001.

FURTADO, Júnia Ferreira. *Homens de negócio. A interiorização da metrópole e do comércio nas Minas setecentistas*. São Paulo: Hucitec, 1999.

GOMES, Joaquim Ferreira. *O Marquês de Pombal e as reformas do ensino*. 2. ed. Coimbra: Instituto Nacional de Investigação Científica, Centro de Psicopedagogia da Universidade de Coimbra, 1989.

GOUVEIA, António Camões. Estratégias de interiorização da disciplina. In: MATTOSO, José (dir). *História de Portugal. Quarto Volume. O Antigo Regime (1620-1807)*. Coordenador: António Manuel Hespanha. Lisboa: Editorial Estampa, 1998.

GRUZINSKI, Serge. *Les quatre parties du monde. Histoire d'une mondialisation*. Paris: Éditions de la Martinière, 2004.

GRUZINSKI, Serge. *O pensamento mestiço*. São Paulo: Companhia das Letras, 2001.

HOLANDA, Sérgio Buarque de. Metais e pedras preciosas. In: *História Geral da Civilização Brasileira*. 2. vol. Administração, Economia, Sociedade. Direção de Sergio Buarque de Holanda. 6. ed. São Paulo: Difel, 1985.

HOLANDA, Sérgio Buarque de. *Raízes do Brasil*. 21. ed. Rio de Janeiro: José Olympio Editora, 1989.

LE GOFF, Jacques. *Mercadores e banqueiros da Idade Média*. São Paulo: Martins Fontes, 1991.

LIMA JÚNIOR, Augusto de. *A Capitania das Minas Gerais*. Belo Horizonte: Itatiaia; São Paulo: Editora da Universidade de São Paulo, 1978.

MAGALHÃES, Justino Pereira de. *Ler e escrever no mundo rural do Antigo Regime. Um contributo para a história da alfabetização e da escolarização em Portugal*. Braga: Universidade do Minho/Instituto de Educação, 1994.

MAGALHÃES, Justino. Alfabetização e história: tendências e perspectivas. In: BATISTA, Antonio Augusto Gomes & GALVÃO, Ana Maria de Oliveira (Orgs.). *Leitura: práticas, impressos, letramentos*. 2. ed. Belo Horizonte: Autêntica, 2002.

MATOS, Raimundo José da Cunha. *Corografia histórica a Província de Minas Gerais (1837)*. Belo Horizonte: Imprensa Oficial, 1979 (Série Publicações do Arquivo Público Mineiro n. 3-A).

MATTOSO, José (Dir.). *História de Portugal. Quarto Volume. O Antigo Regime (1620-1807)*. Coordenador: António Manuel Hespanha. Lisboa: Editorial Estampa, 1998.

MAWWELL, Kenneth. *Marques de Pombal, paradoxo do iluminismo*. 2. ed. Rio de Janeiro: Paz e Terra, 1997.

MAXWELL, Kenneth R. *A devassa da Devassa. A Inconfidência Mineira: Brasil-Portugal, 1750-1808*. 2. ed. Rio de Janeiro: Paz e Terra, 1978.

MENESES, José Newton Coelho. *O continente rústico. Abastecimento alimentar nas Minas Gerais setecentistas*. Diamantina: Maria Fumaça, 2000.

MONTEIRO, Nuno G.F.; CARDIM, Pedro; CUNHA, Mafalda Soares da (Orgs.). *Elites ibero-americanas do Antigo Regime*. Lisboa: Imprensa de Ciências Sociais/Instituto de Ciências Sociais da Universidade de Lisboa, 2005.

MORAIS, Christianni Cardoso. *Posses e usos da cultura escrita e difusão da escola de Portugal ao Ultramar, Vila e Termo de São João Del Rei, Minas Gerais (1750-1850)*. Belo Horizonte: Programa de Pós-Graduação em História, UFMG, 2009 (Tese de Doutorado).

NEVES, Guilherme Pereira das. Clero Secular. In: SILVA, Maria Beatriz Nizza da (Coord.). *Dicionário da história da colonização portuguesa no Brasil*. Lisboa: Verbo, 1994.

OLIVEIRA, Luiz da Silva Pereira. *Privilégios da nobreza, e fidalguia de Portugal*. Lisboa: Na Nova Officina de João Rodrigues Neves, 1806.

PAIVA, Eduardo França (Org.). *Brasil-Portugal: sociedades, culturas e formas de governar no mundo português (séculos XVI-XVIII)*. São Paulo: Annablume, 2006.

RAMOS, Donald. From Minho do Minas: the portuguese roots of the Mineiro family. *Hispanic American Historical Review*. v.73, nov. 1993. p. 639-662.

ROCHA, José Joaquim da. *Geografia histórica da Capitania de Minas Gerais. Descrição geográfica, topográfica, histórica e política da Capitania de Minas Gerais. Memória histórica da Capitania de Minas Gerais*. Belo Horizonte: Fundação João Pinheiro, Centro de Estudos Históricos e Culturais, 1995.

ROCHA-TRINDADE, Maria Beatriz. *Refluxos culturais da emigração portuguesa para o Brasil. Análise social*. Vol. XXII (90), 1986, 1°, p. 139-156.

ROMEIRO, Adriana ; BOTELHO, Angela Vianna (Orgs.). *Dicionário histórico das Minas Gerais*. Belo Horizonte: Autêntica, 2003.

SCOTT, Ana Silvia Volpi. *Famílias, formas de união e reprodução social no noroeste português (séculos XVIII e XIX)*. Guimarães: NEPS/Universidade do Minho, 1999.

SERRÃO, Joaquim Veríssimo. *Historia de Portugal*. Lisboa: Verbo, 1978.

SERRÃO, Joel. *Emigração portuguesa*. Lisboa: Livros Horizonte, 196-.

SERRÃO, Joel; MARQUES, A.H. Oliveira. *Nova história da expansão portuguesa. O Império Luso-Brasileiro. 1750-1822*. Coordenação de Maria Beatriz Nizza da Silva. Lisboa: Editorial Estampa, 1986.

SILVA, Adriana Maria Paulo da. *Processos de construção das práticas de escolarização em Pernambuco em fins do século XVIII e primeira metade do século XIX*. Recife: Editora da UFPE, 2008.

SILVA, Diana de Cássia. *O processo de escolarização no Termo de Mariana (1772-1835)*. Belo Horizonte: Faculdade de Educação, Universidade Federal de Minas Gerais, 2004 (Dissertação de Mestrado).

SILVA, José Carlos de Araújo. *As aulas régias na Capitania da Bahia (1759-1827): pensamento, vida e trabalho de "nobres" professores*. Natal: Universidade Federal do Rio Grande do Norte, 2006 (Tese de Doutorado).

SILVA, Maria Beatriz Nizza da (Coord.). *Dicionário da história da colonização portuguesa no Brasil*. Lisboa: Verbo, 1994.

SILVA, Maria Beatriz Nizza da. *Ser nobre na colônia*. São Paulo: Editora UNESP, 2005.

SOARES, Magda. Letramento e alfabetização: as muitas facetas. *Revista Brasileira de Educação*. Rio de Janeiro: Associação Nacional de Pós-Graduação e Pesquisa em Educação, n. 25, jan./abr. 2004. p. 5-17.

SOUZA, Laura de Mello e. *Desclassificados do ouro: a pobreza mineira no século XVIII*. Rio de Janeiro: Graal, 1982.

SOUZA, Laura de Mello e. Nobreza de sangue e nobreza de costume: idéias sobre a sociedade de Minas Gerais no século XVIII. In: *O sol e a sombra. Política e administração na América portuguesa do século XVIII*. São Paulo: Companhia das Letras, 2006.

SOUZA, Laura de Mello e; FURTADO, Junia Ferreira; BICALHO, Maria Fernanda (Org.). *O governo dos povos*. São Paulo: Alameda, 2009.

TRINDADE, Cônego Raymundo. *Breve noticia dos seminários de Mariana*. Arquidiocese de Mariana, 1951.

TROUCHE, Lygia Maria Gonçalves. O Marquês de Pombal e a implantação da língua portuguesa no Brasil. Reflexões sobre a proposta do Diretório de 1757. *Cadernos de Letras da UFF*. Niterói, n.1, 2001.

VAINFAS, Ronaldo (Dir.). *Dicionário do Brasil Colonial (1500-1808)*. Rio de Janeiro: Objetiva, 2000.

VALADARES, Virginia Trindade. *Elites mineiras setecentistas: conjugação de dois mundos*. Lisboa: Edições Colibri, 2004.

VASCONCELOS, Diogo de. *História antiga de Minas Gerais*. 4. ed. Belo Horizonte: Itatiaia, 1974. 2 vol.

VASCONCELOS, Diogo Pereira Ribeiro de. *Breve descrição geográfica, física e política da Capitania de Minas Gerais*. Belo Horizonte: Fundação João Pinheiro/Centro de Estudos Históricos e Culturais, 1994.

VEIGA, José Xavier da. *Efemérides Mineiras*. Belo Horizonte: Centro de Estudos Históricos Culturais/Fundação João Pinheiro, 1998.

VILLALTA, Luiz Carlos. Educação: nascimento, "haveres" e gêneros. In: RESENDE, Maria Efigênia Lage de; VILLALTA, Luiz Carlos (Orgs.). *História de Minas Gerais*. As Minas setecentistas. Belo Horizonte: Autêntica; Companhia do Tempo, 2007.

VILLALTA, Luiz Carlos. Ler, escrever, bibliotecas e estratificação social. In: RESENDE, Maria Efigênia Lage de ; VILLALTA, Luiz Carlos (Orgs.). *As Minas setecentistas, 2*. Belo Horizonte: Autêntica; Companhia do Tempo, 2007.

VILLALTA, Luiz Carlos. O que se fala e o que se lê: língua, instrução e leitura. In: SOUZA, Laura de Mello e (Org.). *História da vida privada no Brasil: cotidiano e vida privada na América portuguesa*. São Paulo: Companhia das Letras, 1997.

VILLELA, Heloisa de Oliveira Santos. Do artesanato à profissão – representações sobre a institucionalização da formação docente no século XIX. In: STEPHANOU, Maria; BASTOS, Maria Helena Camara (Org.). *Histórias e memórias da educação no Brasil. vol. II – Século XIX*. Petrópolis: Vozes, 2005.

WEHLING, Arno; WEHLING, Maria José. O funcionário colonial entre a sociedade e o rei. In: DEL PRIORE, Mary. *Revisão do paraíso: os brasileiros e o estado em 500 anos de história*. Rio de Janeiro: Campus, 2000.

QUALQUER LIVRO DO NOSSO CATÁLOGO NÃO ENCONTRADO NAS
LIVRARIAS PODE SER PEDIDO POR CARTA, FAX, TELEFONE OU PELA INTERNET.

Rua Aimorés, 981, 8º andar – Funcionários
Belo Horizonte-MG – CEP 30140-071

Tel: (31) 3222 6819
Fax: (31) 3224 6087
Televendas (gratuito): 0800 2831322

vendas@autenticaeditora.com.br
www.autenticaeditora.com.br

ESTE LIVRO FOI COMPOSTO COM TIPOGRAFIA BEMBO E IMPRESSO EM
PAPEL PÓLEN SOFT 80 G NA FORMATO ARTES GRÁFICAS.